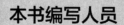

本书编写人员

主　编：沈　杰　郭　衍　周远方

副主编：肖文记　胡红芳　邵海磊　张　楠

参　编（按姓氏笔画排序）：

　　　　万　兵　王　浩　闵耀明

　　　　陈　勇　陈　莉　陈朝建

　　　　曹　宝

变革育人方式，培育时代新人

义务教育新课程改革自2001年全面启动以来，已经施行了二十多年的时间，它对于全面推动和引领基础教育改革、提升教育教学质量发挥了重要作用，具有历史性意义。随着教育改革的不断深化，重点越来越聚焦在课程、教材、教学、考试评价等一系列关系教育教学质量的关键环节上，聚焦在人才培养模式、育人方式的创新上。

党的二十大报告强调"全面提高人才自主培养质量"，明确提出要落实立德树人根本任务，培养德智体美劳全面发展的社会主义建设者和接班人。在当前和今后一段时期，全面贯彻党的二十大会议精神，以义务教育新课程高质量实施为主要抓手，为党育人、为国育才，是义务教育战线的重要任务。在此，我想给老师们几点建议。

第一，要提高站位看课程。我们要站在全局的角度来看课程，树立正确的课程观。2022年版课程方案和课程标准是党的最新理论成果在教育领域的具体体现，是广大教师实践经验的理论概括，也是借鉴国际先进教育理念的成果，凝聚了广大教育工作者的集体智慧，体现了党和国家对教育的基本要求，也体现了人类文化知识的积累和创新，是一份兼具理论与实践意义的纲领性文件。它在充分继承以往课程改革经验的基础上，明晰了义务教育阶段的育人要求，指出了深化改革的重点，对培养全面发展的人提出了更高要求。课程方案和课程标准是对育人要求的顶层设计和整体规划，不仅包括教育内容，还包括教育理念、教育目标和对教育过程与评价的要求，是一个完整的链条。在日常教育教学活动中，老师们的视野要宽、眼光要远，不仅要研究教材，更要首先研究课程方案和课程标准，整体把握育人的方向与要求。

第二，要正确理解和思悟新课程理念及实施的新要求。面向未来社会发展，基于义务教育培养目标，各课程标准将党的教育方针具体化细化为课程应着力培养的核心素养，强化了课程育人导向；基于核心素养发展要求，遴选重要观念、主题内容和基础知识，精选、设计课程内容，优化了课程内容结构。其中很重要的一个变化是，多门课程设立了跨学科主题学习活动，加强学科间的相互关联，并规定各门课程要拿出不少于10％的课时开展跨学科主题学习。在新课标颁布后教育部开展的多渠道宣传解读和国家级示范培训过程中，我们了解到很多教师对这点很关心、感兴趣，也有不少的困惑。

对此，我们要理解，这是培养面向未来的学习者的必然要求。因为学生的真实生活情境往往是复杂的、多变的、劣构的，更是充满了人工智能技术挑战的，未来社会所需要的是综合型、复合型、创新型人才。由此要求我们的课程必须注重综合性和实践性，所以2022年版课程方案提出要"加强课程综合，注重关联"，"加强课程内容与学生经验、社会生活的联系，强化学科内知识整合，统筹设计综合课程和跨学科主题学习"。

这是应对时代新要求对课程标准所做的与时俱进的修订和完善，反映了育人目标定位的重要变化。教师要注重按学生学习和发展逻辑重新架构课程内容，用大观念、大主题、大任务等整合课程内容，要从教知识走向通过知识去育人，强化素养导向和育人为本的理念，特别是引导学生从"会做题"到"会做事"，通过学习理解学科的本质。跨学科主题学习的提出和实施，有助于打破学科藩篱，实现课程整合，落实学生核心素养培育，促进教师教学方式优化和学校课程协同育人。

第三，要守正创新，融会贯通。老师们要认识到，本次义务教育课程修订不是推倒重来、否定过去，而是充分继承了我国以往课程改革的成功经验。有些课程改革的基本经验，如加强课程综合性、实践性等，不仅要继承，更要发扬。跨学科主题学习概念的提出，就是在传承以往课程改革部分学科优秀经验的基础上，借鉴国际先进理念的融合产物，为以学科育人方式变革来落实核心素养培养、培育时代新人提供了中国路径。所以，老师们要了解课程方案和课程标准的总体精神、核心理念和基本要求，理解其背后的意义、内涵和要求，把握课程的本质。要全面系统地学，深入思考地学，努力做到融会贯通。

第四，要积极实践，总结优秀做法，建构实践模型。这么多年以来，多种新理念不断得到推广，很多新的理念已经根植于教师的心里。但为什么一到课堂上，很多时候还是"涛声依旧"呢？我觉得教师缺的不完全是理念，很重要的是缺少实践，缺少将理念转化落地的操作模式。所以，我们必须重视能够体现以学为主的多样化教学模式的提炼总结，把课堂教学转变过程中所需要的一些规则、方式、方法，包括工具、手段，总结提炼出来，形成各具特色的新型课堂的操作模式，从而让我们倡导的这些新理念真正落地。这也是教育部推进实施的"基础教育课程教学改革深化行动"的重要内容。教育部办公厅在2023年5月印发的《基础教育课程教学改革深化行动方案》将"扩大精品课遴选规模"作为教学方式变革行动的重要组成部分，指出要"总结发现一批教学方式改革成果显著、有效落实育人要求的教育教学案例""有组织地持续推进基础教育课程教学深化改革""切实加强国家课程方案向地方、学校课程实施规划的转化工作"。

从这个层面上来说，教育科学出版社策划出版的"跨学科主题学习设计与实施丛书"正当其时，直击新课程教学改革重难点，是新课标背景下该主题的先行者。它关注到了教育实践中广大中小学教师的困惑与需求，并从教师的定位出发，做了很好的丛书架构和分册的结构设计，以关键问题的形式解读老师们最关心的问题，并辅以完整的优秀典型案例，为老师们答疑解惑，提供借鉴。

愿跨学科主题学习成为老师们实现新课标新教学、成功到达核心素养培育彼岸的一个渡口。变革育人方式，培育时代新人，让我们一起努力！

教育部教材局局长

| 目 录 |

下编　**典型课例解析**

上编

关键问题解读

第一章

跨学科主题学习概述

? 问题1 为什么初中数学课程要设置跨学科主题学习？

2022年4月，教育部发布了关于印发义务教育课程方案和课程标准（2022年版）的通知。《义务教育课程方案（2022年版）》（简称"2022版方案"）指出，"加强课程内容与学生经验、社会生活的联系，强化学科内知识整合，统筹设计综合课程和跨学科主题学习"，"突出学科思想方法和探究方式的学习，加强知行合一、学思结合，倡导'做中学''用中学''创中学'"，强调了义务教育阶段课程的"综合性"和"实践性"。在课程标准编制中更是明确指出，"各门课程用不少于10%的课时设计跨学科主题学习"。因"跨学科主题学习"是此次课程方案修订提出的新概念，所以立刻吸引了广大中小学教师的关注。

随着科技和社会的发展，人们普遍认识到学生在学校教育中需要获得更加广泛的技能培养，21世纪的工作和生活对学生的要求也越来越高。不少国家的教育部门已经将学校教育的目标制定为培养"全人"（whole person），培养学生与国家目标一致的主流价值观、道德观，发展学生的情感特质和认知技能。21世纪需要什么样的能力？21世纪的学校需要培养学生什么样的能力？许多政府机构、学术团体、研究者沿着这种思路，探究在新世纪学校教育应该如何变革以帮助学生适应未来学习、生活和工作的需要。在此背景下，不同国家的学术团体和研究者尝试探索和总结21世纪技能的框架，并且已有为数不少的国家将21世纪技能融入国家课程或国家教育体系。欧美国家已经将问题解决、合作交流、信息技术视为新世纪国家教育目标、人才培养目标和课程目标的核心。

事实上，许多学科领域的专家和教育学者都认为数学、科学、工程等学科的本质是解决问题，应该重视知识的输出而非输入。1945年，著名数学家波利亚提出解决数学问题的方法。此后不同学科也都进行了类似的尝试，如物理、机械、计算机问题解决等。为适应社会发展和国际竞争的需要，我国中小学的教育方式和培养目标也在发生重大变革。课程改革对发展学生问题解决能力提出了新要求，如《义务教育数学课程标准（2011年版）》已经将问题解决和知识技能、数学思考、情感态度共同列为课程目标的总目标和学段目标，课程内容增加了综合与实践，强调发展学生的应用和创新意识。2022版方案对"跨学科主题学习"的强调，则是数学课程在"全面育人""培养全人"目标上的进一步发展，也是我国基础教育阶段数学课程改革的必由之路。

2012年国际学生评估项目（PISA）的数据首次揭示了不同的教育系统对学生影响的巨大差异，结果表明有些国家和地区即使在数学、科学、阅读方面的教学颇有成效，但在提高学生问题解决能力方面却存在不足。其中，我国上海地区学生的问题解决能力与其数学、科学、阅读的测试成绩严重不匹配。而在2015年PISA的合作问题解决的表现中，北京、上海、江苏、广东组成的中国部分地区联合体甚至尚未达到经济合作与发展组织（OECD）的平均成绩。

目前，国际上诸多教学改进项目已经提供了一些提升学生将所学知识和技能应用于实际解决现实问题的可能性，同时，在日常的学校教育中系统性地实施教学改进也会产生日积月累的影响。具体的改进可以概括为以下四方面。

1. 问题表征

使用表征有助于学生更好地理解学习材料。对复杂问题进行知识表征是解决问题的第一步，即能够从现实情境中识别问题。培养学生的表征能力，特别是使用多重表征（如描述性表征和描绘性表征），以及在不同形式的表征之间构建联系、相互转换，都可以促进学生问题解决能力的发展。

2. 真实情境

真实情境通常涉及现实生活中的问题和挑战，使学生能够更好地将所学知识和技能应用到实践中，这也是基础教育实现从"学"到"用"的目的依归。在面对真实情境时，学生往往需要通过合作来解决问题，这有助于培养他们的团队合作和沟通能力。当学生意识到所学的知识和技能可以应用到实践中，并且能够产生真正的影响和价值时，他们也会对学科学习更感兴趣。

3. 认知技能

问题解决的认知技能包括计划性、执行力、监控力、灵活性和学习力等。

培养学生更好地监督自己的学习过程，可以促进其自主学习和元认知能力的提升，从而提高自身问题解决能力。元认知和自主学习有利于发展学生问题导向的学习能力。问题解决过程中需要阐释证据，需要学生不断进行反思，考虑计划方案和执行步骤是否恰当。

4. 社会技能

进入21世纪以来，教育目的和职业功能的变化引发个人工作向协助合作转变，对复杂问题解决能力的考察也逐渐转向合作问题解决。团队中的个体应该：认可团队中其他成员的观点；建设性地贡献知识、经验和专业技能；理解这种贡献的必要性和如何管理应用；确定需要解决的问题的结构和步骤；作为团队成员建立发展知识和相互理解的合作环境。

由此不难看出，跨学科主题学习作为培养学生在真实情境中综合运用知识进行问题解决的能力的有效途径，其在此次新课标中的提出与强调，不仅是基础教育课程改革的需要，也是国家发展对人才培养提出的战略需求。

? 问题2　为什么要用项目式学习实现跨学科主题学习？

21世纪初，《全日制义务教育数学课程标准（实验稿）》（简称"实验稿课标"）就已经将"实践与综合应用"、"数与代数"、"空间与图形"和"统计与概率"作为义务教育阶段数学课程的四大领域一同纳入数学课程内容，旨在帮助学生综合运用已有的知识和经验，解决与生活经验密切联系的具有一定挑战性和综合性的问题，以发展他们解决问题的能力，加深对其他领域内容的理解。这一领域的命名已经彰显了其"综合性"与"实践性"。《义务教育数学课程标准（2011年版）》（简称"2011版课标"）延续了四个领域的设置，将"实践与综合应用"更名为"综合与实践"。从内涵而言，"实践与综合应用"和"综合与实践"都强调了以综合性问题解决为载体，通过学生自主参与或交流合作，培养学生综合运用有关知识与方法解决实际问题的能力，培养学生的问题意识、应用意识和创新意识，帮助学生积累活动经验。

经过20多年的实践，在我国数学课程中设置"综合与实践"领域的必要性已经得到了广泛认可，其理念也和2022版方案中"跨学科主题学习"的提法不谋而合。《义务教育数学课程标准（2022年版）》（简称"2022版课标"）进一步继承了2011版课标中"综合与实践"的设计理念，也进行了较大程度的升级和调整。原因有二：一是顶层设计的要求，2022版方案强调了本次课标修订的综合性与实践性，更明确提出了"不少于10%的跨学科主题学习"的具体要求，这个要求主要将在"综合与实践"领域体现；二是满足一线教师的期待，2019年启动的课标修订调研收集了一线教师对2011版课标中"综合与实践"领域的意见反馈，从中了解到教师希望新版课标可以对该领域进行细化，促进其落地实施、指导教学。

在2022版课标中，"综合与实践"明确了以主题式学习和项目式学习为主的两种学习方式。关于主题式学习和项目式学习的选择，2022版课标也给出了具体建议：第一、第二、第三学段主要采用主题式学习，第三学段可适当采用项目式学习，第四学段（初中阶段）以项目式学习为主。项目式学习的设计以解决现实问题为重点，综合应用数学和其他学科知识解决问题，体会数学知识的价值，以及数学与其他学科的关联。

如下图所示，从课程内容来看，2022版课标中的跨学科主题学习主要集中在"综合与实践"领域，即跨学科主题学习和"综合与实践"存在很大的交集，其他内容领域也可以以跨学科主题学习的方式组织课程内容和课堂教学；从教学方式来说，在初中阶段"综合与实践"领域可以采用项目式学习的方式，但这部分交集的学习则应以项目式学习的方式为主。因此，本书将选取这部分交集，即项目式学习作为典型代表，进行教学设计与实施的讲解与示范。当然，各位老师在了解和熟悉了项目式学习的设计与实施后，也可以从中汲取任务设计、小组合作、成果交流等活动经验，并将其应用在其他领域的教学中。

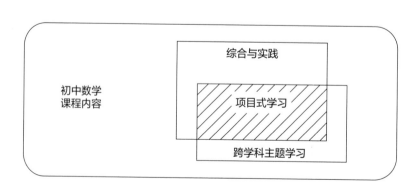

　　需要特别说明的是，义务教育"综合与实践"领域中的"主题式学习"和"项目式学习"的内涵存在诸多相似之处。它们都强调学生在真实问题情境中，综合运用所学的数学和其他学科知识、方法发现和提出问题，独立或合作探索和分析问题解决的路径，实现问题解决的目标并展示、交流问题解决的成果。这些都可以视为国际数学教育改革的基本目标——"问题解决"在不同学习阶段的具体体现，其在高中阶段将发展成为"数学建模活动与数学探究活动"。因此，项目式学习也并非初中数学课程中跨学科主题学习或"综合与实践"领域的唯一解，该阶段的教学方式应注重内容连续和效果流畅。新课标使用伊始，当师生经验都不足时，从以活动体验为主的主题式学习入手也未尝不可。

问题3　项目式学习是否属于常规课程？

　　初中数学课堂上使用项目式学习可以视为一种非传统的教学方法，但其大部分内容属于课程标准中课程内容四大领域之一的"综合与实践"的内容，自然也属于数学课程和教材内容，是教师日常教学需要掌握并积极实践的课程内容。较之于传统的数学常规课程，项目式学习具有更强的针对性和实用性。它通过将学生置于真实场景和活动中，使用多角度、跨学科的方法，激发学生的主动探究欲望，并帮助他们运用现有知识解决问题，在探索实践中完成各种复杂任务，促进学生认知深度与广度的发展。

　　大部分传统的数学课程更偏重于知识的积累和考试训练，缺乏思维空间，可能会使学生在学习过程中感到枯燥乏味。相对来说，项目式学习贴近生活，让学生进行深度思考从而更好地激发学习兴趣和创造力，让学生在学习实践中获得丰厚的体验，提升与人沟通的能力等学习素养。因此，在初中数学课堂上使用项目式学习可以被看作传统数学常规课程的一种补充和创新，而不是替代。它强调了知识的整合和应用能力的培养，更加贴近于实际，有助于学生在未来面对复杂问题时更好地化解。

　　当然，很多教师更加关心的一个问题是：项目式学习的内容是否要在考试中体现？从知识内容来看，对这个问题的回答是否定的。因为从内容来看，项目式学习大部分属于"综合与实践"领域，相较于其他三个内容领域，该领域在初中阶段并不承担新的知识学习任务。但如果教师们因此就放弃关注项目式学习，无疑是不明智的。在2022版课标中，重点强调初中的"综合与实践"领域应以项目式学习为主的形式来达成。单从考试来说，近年中、高考不断强调真问题、真情境，反套路、反刷题，越来越关注学生在陌生或复杂情境下对知识和技能的灵活运用程度。高等教育中"拔尖创新人才"的育人目标更体现了这种倾向，而这些评价或育人目标和项目式学习的设计不谋而合。

此外，教师在"综合与实践"领域，乃至其他内容领域运用项目式学习的方式，还可以——

提高学生的自主学习能力：通过项目式学习，学生可以自由选择自己感兴趣或者关注的主题，同时也需要在完成任务的过程中确定自己的研究思路和方向。这样不仅能激发学生的创造性思维和想象力，让学生在学习中更深入地理解专业知识的含义和价值，还可以培养学生的独立思考能力和问题解决能力，提高其自主学习能力。

加强学生的实践操作能力：项目式学习强调的是实践与操作能力，这贯穿于整个教育过程中。除去类似"理解题目""推导证明"等理论性知识，在项目式学习中，学生不断地将所学知识运用于实际场景，排除无关因素并进行整体整合式的运用训练，这可以极大提高他们的实践能力与操作水平。

培养学生的团队协作能力：项目式学习注重小组合作，试图培养整个班级的协作能力，增强凝聚力。让学生利用各自的长处和优势，以恰当的方式表达自己的独立见解和对他人意见的反馈，潜移默化中提高同学间相互信赖的程度与互动沟通的能力。

提高自己的教学水平：使用非传统的教学方法常常需要教师掌握新的技术或知识，通过亲身实践和探索不断尝试新模式，不断改进和优化教学方案。这不仅有利于教师提高教学能力，同时也能积极推进整个教育体制的转变和革新。

总之，项目式学习不仅能够更好地实现课程要求的教学目标，还能够创造出多个机会和场景，让学生更自觉地迎接真实世界问题的挑战和复杂性，形成更全面的知识技能，从而在整个教育内容中不断融入社会实践。

第二章

跨学科主题学习设计

问题 4　项目式学习的设计思路是什么？

在进行初中数学课程的项目式学习设计时，任务设计和课时设计至关重要。任务设计可以帮助学生了解和解构实际问题，并将数学和其他学科的知识与方法应用于问题解决之中。在进行任务设计时，需要明确学生要完成的任务，并给学生提供具体指导和建议，以便学生在完成任务的过程中能够自主思考、积极探索，最终实现预期的学习效果。课时设计则是围绕任务设计所制订的教学计划。在进行课时设计时，需要考虑如何安排教学时段，如何分配学生的学习时间，等等。课时设计不仅是为了保证任务可以在既定的教学时间内顺利完成，也是为了确保学生在项目式学习中深入理解数学知识及其应用，同时增强学生的创新意识、应用意识和问题解决能力。

任务设计和课时设计这两方面相互依存。良好的任务设计需要合理的课时安排来支持学生完成任务并实现预期的学习效果；而合理的课时设计也需要以任务设计为基础，以帮助学生理解并应用所学知识和技能。因此，组织和规划初中数学项目式学习需要综合考虑任务设计和课时设计两方面，并处理好二者的对应关系。

1. 任务设计

项目式学习的任务设计思路是让学生通过完成一个实际的、涉及多个学科领域的项目来掌握知识和技能，同时发展学生的合作、沟通和解决问题的能力。具体而言，任务设计要符合以下原则。

（1）与数学问题相关：任务要涉及数学课程中的知识和技能，同时与其他学科有联系，可以促进跨学科学习和综合运用。

（2）真实性和可行性：任务的主题要拟定得有意义、有足够价值，同时任务的完成过程要有真实的环境和条件，能够促使学生主动探究、思考和解决实际问题。

（3）多元评价：任务需要通过多种形式的评价来考查学生的学习成果和学习过程中的表现，这些评价包括口头报告、书面文档、展示等多种方式，以公正和全面地评价学生学到的内容和取得的成果。

有关任务的设计将在问题7"如何在核心问题引导下进行任务设计？"中具体展开。

2. 课时设计

项目式学习的课时设计思路是将任务拆分成多个阶段和过程，每个阶段和过程完成一定的目标和任务，最后实现最终的目标。课时设计要符合以下原则。

（1）分阶段设计：将任务分为不同的阶段，每个阶段涉及不同的学习内容和技能，这些阶段的设计应该有清晰的目标和完成标准。

（2）灵活运用教学策略：教师需要根据学生的学习能力和需求灵活运用各种教学策略和方法，如小组合作学习、讨论、演示等，让学生体验到学习的乐趣和成就感。

（3）组织管理：教师需要对学生的学习过程进行及时监测和指导，随时调整教学策略，对学生的完成情况进行记录和反馈。

如本书下编课例"地球仪上的数学"项目，将具体任务和教学课时相对应，形成了清晰的项目流程图（见下图）。

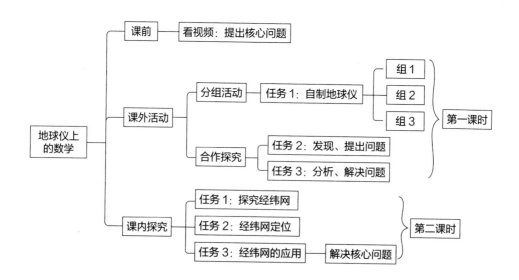

总之，从任务设计和课时设计两个方面来看，项目式学习强调学生的主体性和实践性，通过实际项目的完成来激发学生的兴趣，培养其自主学习能力和综合素质，对于初中数学教学和学生的发展具有重要意义。

 问题 5　如何选择和设计合适的主题？

项目式学习围绕项目主题展开，项目主题是对探究活动和内容的高度概括。设计项目时首先需要明确的是项目主题。选择和设计主题的方式可以归纳为三种：借鉴他人的项目和想法，结合自己的实际情况和需要进行改良后形成新的主题；直接回应课堂实际需求和学生兴趣，找到具有校园特色、符合学生特点的新颖主题；从课标和教材出发，设计合适的主题。

1. 借鉴已有项目，根据实际情况进行改良

选择项目主题最快的方法是借鉴其他教师的优秀案例，但要注意，借鉴并不是完全照搬，而是要带着批判的眼光吸收案例中优秀的内容，同时警惕案例中设计得不恰当的部分，在借鉴的基础上，融入自己的思考和创意，使之适应自己的课堂情况。

目前已有的项目式学习主题包括以下几类。

（1）设计型项目：设计型项目的范围一般比较广泛，具有一定的开放性，学生需要结合所学知识内容进行策划和展示；同时，设计型项目一般都具有跨学科的属性，需要融合科学、美术、信息科技等学科内容。例如如下主题：

- 为学校校庆设计吉祥物；
- 为学校餐厅设计装修方案；
- 制订家庭收支计划；
- 为学校设计和拍摄宣传短片；
- 筹备一场公益义卖活动。

（2）探究型项目：探究型项目的重点是培养学生发现问题、提出问题、分析问题和解决问题的能力，项目主题的来源通常是学生感兴趣的现实问题，学生通过联系已有知识和技能，收集数据，分析问题，研究项目产品，寻找解决

方案。例如如下主题：

- 探究学习时间和学习效率的关系；
- 探究店铺最合适的打折营销策略；
- 探究物体高度与影子长度的关系。

（3）调查型项目：调查型项目重点培养学生收集数据、分析数据的能力，需要学生通过查询资料或实地调查了解项目的相关背景和数据，根据资料和数据进行分析，最终得出结论。例如如下主题：

- 调查全球气候变暖对动植物产生的影响；
- 调查各银行的存款利率情况；
- 调查中学生的近视情况。

（4）立场型项目：立场型项目在社会科学中比较常见，尤其是历史和语文学科，学生可以根据客观的认识自由选择自己的观点。在这类项目中，数学相关课程内容可以在收集论据支持观点的阶段体现作用。例如如下主题：

- 环境保护应该以人为本还是以自然为本？
- 文才和口才哪一个更重要？
- 时势造英雄还是英雄造时势？

2. 回应课堂实际需求和学生兴趣，寻找新颖主题

除了借鉴已有的项目，教师也可以根据课堂情况和学生的认知水平，构思设计新的问题和任务。如果设计得当，学生以前学过的知识、参与过的活动等经过改造，都能够成为项目的探究内容。这样既可以与课程安排相适应，又可以让学生有机会重新思考、复习过去的内容，发掘不同的想法，甚至通过项目提前接触一些还未涉及但马上要学习的内容。

寻找新颖主题的灵感来源十分广泛。例如，教师可以结合地区和学校特色以及时事新闻热点设计一些现实型的问题和任务。除此之外，学生的想法也可以成为灵感的源泉，学生表达的过程其实就是输出想法和观点的过程。教师要学会做一个倾听者，有意识地去发现学生感兴趣和真正关心的事物，了解哪些内容可以激起学生的兴趣，从学生的兴趣出发了解他们的日常生活，关注学生想要解决的问题，与学生合作，共同设计出具有班级特色的问题和任务。下页的观察记录表可以帮助教师引导学生自主发现、选择感兴趣的主题中需要解决的问题。

观察记录表主要借鉴了设计行业进行需求分析的POV（Point of View）表，主要分为"观察—分析—猜想—提问"四个步骤。

首先，确定观察对象与观察现象，对观察到的现象进行记录；

其次，分析观察到的现象，寻找共性，分析重点，尝试解释出现该现象的原因；

再次，结合观察对象、现象及分析，猜想出现该现象的深层原因；

最后，在观察与记录的基础上，提出需要解决的问题。

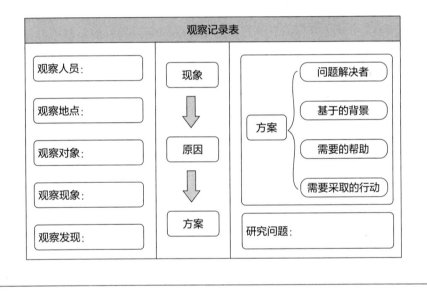

教师在设计项目式学习主题时，可以考虑学生关注的一些内容和话题，如时尚、国潮、运动、电子产品、美食、运动和社交媒体等，选取当下学生感兴趣的内容详细展开。例如，随着人们对运动和健康的关注度日益增加，体育在中学课程中所占的比重也越来越大。大部分中学生对运动和电子产品比较感兴趣，目前智能手表大都具有测量血氧饱和度和心率的功能，可以结合这些实际情况和学情分析，综合运用数学与体育、生物学、信息科技等学科的知识和思想方法，从函数的角度融合探究"体育运动与心率"的现实问题（具体可参见本书下编课例）。

由于这些新颖的主题没有成熟的案例作为参考，完成主题选择后，教师可以通过核对以下要点来检验该主题是否适合。

- 该主题满足项目式学习所要求的真实性、挑战性、探究性吗？
- 该主题符合我对学生核心素养培养的预期目标吗？
- 该主题设计的特色是什么？
- 该主题适合我的学生吗？学生愿意探究这个主题吗？
- 完成该项目需耗费的时间和精力适合我的学生吗？

3. 从课标、教材出发，设计合适的项目式学习主题

学生在进行项目式学习活动过程中离不开对课内知识的理解和应用，因此，教师可以从教材中有关章节知识的实际应用中寻找灵感，也可以从拓展阅读、探究问题中进一步引申出项目式学习主题。此外，课标中也给出了对应初中的项目式学习的具体课例，如"体育运动与心率""绘制公园平面地图"等，教师可以参照课标课例，结合自身课堂情况选取合适的主题。

问题 6　如何设计有效合理的跨学科核心问题？

项目式学习的探究内容往往具有一定的复杂性，涉及多个领域的知识、经验和方法，需要一个持续探究的过程。同时在实际教学中，教师常常发现很难直接在学生的已有知识方法和项目主题之间建立联系。而问题是项目式学习的线索，是对项目主题的细化和驱动。因此，教师可以将主题聚焦为具体的核心问题，并用学生熟悉的、有趣的语言描述问题，将复杂的、学生较难理解的抽象主题转化为学生较容易理解的、具体的、形象的核心问题，通过核心问题引导整个项目的探究过程。

可以说，核心问题是整个项目式学习需要最终解决的主要问题，也是驱动整个项目确立、探究、完成的驱动型问题。项目式学习的进行过程，主要就是核心问题的解决过程，因此，确定核心问题，是项目式学习设计中至关重要的一步。

一、跨学科核心问题的特点

1. 问题产生于真实情境，而非人为创设

知识的学习离不开知识产生的环境，建构主义强调学习的主动建构性、社会互动性和情境性。教师在设计问题时，要注意问题内容应尽量来自现实生活，现实生活中的事例更能吸引学生参与，学生也更容易记住可应用于真实生活情境的知识，检验和修正学习成果。人为创设的问题有时缺少一定的真实性，逻辑无法自洽，当学生面对有逻辑漏洞的问题时，容易对知识产生怀疑，对学习产生厌烦情绪。另外，为了保证真实性，学生解决问题时使用的工具也要尽可能与现实生活中的工具保持一致。

教师在设计核心问题时，要注意挖掘与学生生活密切相关且能引发学生关注的问题，提高学生的探究动力和参与度。在进行问题设计时，教师可以将目光和注意力放在学校或周围社区需要解决的现实问题上。例如：

- 解决学校垃圾桶摆放布局不合理导致垃圾桶利用率不均衡的问题；
- 给学校校庆吉祥物设计包装盒；
- 设计学校或公园平面图（可参见2022版课标附录例90）。

也可以是虚拟的（但现实实际存在的）场景：

- 设计高效便捷的高铁站平面布局图；
- 研究游泳馆泳池池水细菌的数量变化，并提出净化方案。

教师可以根据所处地点和环境的实际情况对问题做相应调整。在教师提出问题后，学生通过思考和探究给出可行的解决方案，可以以书面如电子文档的形式展示，也可以以手工制品或公开演讲的形式展示。例如，在本书下编课例"旗杆高度的测量"项目中，核心问题是设计恰当的方案测量"不能到达"或够不着的物体的高度，教师可以鼓励学生对测量方案进行思考和质疑，引导学生在不同环境下选择不同的方法对旗杆进行测量。

2. 问题能够激发学生的认知冲突，引导学生持续探究

理想的问题可以激发学生的认知冲突，促使学生积极主动地进行有意义的学习。但要注意，这并不意味着问题难度越高质量越高。问题难度的设置要与学生的实际情况相符，符合学生的认知发展水平，在学生的最近发展区。问题的挑战性过高，会打击学生的自信心，消耗学生的探究动力，让学生失去探究的

欲望；难度过低，不具有挑战性，无法引起学生的认知冲突，学生无法得到锻炼，无法形成解决难题后的成就感与自豪感，更无法发展数学思维和核心素养。

在实际课堂中，确定理想的挑战性等级比较困难，需要教师在教学中结合学生的实际水平积极思考，必要时可以借助一定的学习支架予以辅助。同时，这也是一个培养学生自主提出问题、分析问题和解决问题能力的好机会。教师在结合项目内容和学生学情自行设计问题的同时，也可以试着将提出问题的机会交给学生。

3. 问题可以吸引学生的注意力，激发学生主动参与探究

初中阶段，学生具有很强的好奇心和探究欲望，比起书本上已有的公理定律，学生往往更愿意接受并且记住自己看到、听到或探究得到的结果。一般情况下，项目式学习的探究内容需要三四个课时才能完成，持续的时间相对较长，所以对学生的专注度提出了更高的要求。因此，教师在设计核心问题时要注意，作为贯穿整个项目的线索，核心问题一定要能够吸引学生的兴趣，引发学生的内部动机，让他们能够积极主动地参与进来。

下面以解决学校垃圾桶分布不合理导致垃圾桶利用率不均衡的问题为例，展开详细介绍。

- 学生要在问题的驱动下进行持续探究，包括调查背景、收集数据、分析问题、研究项目产品、寻找解决方案、反思和修改方案等。在解决问题时，学生首先要进行背景调查，收集现有的垃圾桶位置和数量的数据，分析学校的实际情况和需求，找到解决方案，再进行修改，经历一个完整的探究过程。

- 问题的解决是一个持续性的过程，解决问题的过程中可能会衍生出其他新的问题，而新的问题又对应着下一轮的探究，连续重复这些步骤，才能最终解决问题。学生在解决问题时，首先需要做的是明确已有的垃圾桶分布情况。接下来，就要处理第二个问题：出现这种情况的原因是什么？找出原因之后，自然就会出现第三个问题：应该怎样解决这个问题？理想的情况下，新问题是随着上一个问题的解决自然而然地发生的。学生在解决问题的过程中不断进行思考、试误、反思、调整，最终形成问题的解决方案并将它作为项目成果，在此过程中积累数学活动经验，提升数学能力和素养。

- 问题具有延续性，不同的年级可以使用同一个核心问题，但可以

根据不同学段的内容设计不同的解决方案。这与学生的认知发展水平有关，低年级的学生可以适当地忽略一些限制条件，但到了高年级，问题情境可以更加接近于真实情况，将一些现实限制因素考虑进来，从低年级到高年级，循序渐进，层层递进，环环相扣。例如，低年级的学生可以不考虑人工、物料等问题；到了高年级，可以将人工运输以及垃圾桶本身的造价成本等因素考虑进来，在提高问题难度的同时，也让问题情境越来越接近现实情境。

4. 问题开放可行，适合大多数学生

问题的开放性主要体现在两个方面。一方面，好的问题需要有普适性，适合大部分学生学习，不同水平的学生都可以参与到讨论和学习中，从而满足全班学生或者大多数学生的学习需要和学习兴趣。另一方面，问题不存在唯一答案，探究方法也不唯一，学生可以通过不同的方式解决问题，采用不同的思维方式和方法。具有一定开放性的问题可以满足不同认知发展水平的学生的学习需要，使他们获得不同的学习体验。

除上述提到的内容外，在设计问题时还需注意，问题在客观上必须是可行的。首先，问题需要符合学生的认知发展水平，必须是学生可以解决的问题；其次，解决问题所需要的资源支持如专家支持以及场所等，必须是学生可获得的。

二、跨学科核心问题的检验

在跨学科主题学习中，提出核心问题是项目设计中非常关键的一步，但并不是所有的问题都是值得探究的好问题。所以，提出问题后，教师应对问题的合理性进行检验。实际情况不同，问题需满足的条件也不同，教师可以在结合实际背景的基础上，借鉴以下问题进行检验：

- 问题是否具有探究价值？
- 问题是否与跨学科主题紧密相关？
- 问题是否是真实情境中涉及不同学科的问题？
- 问题是否符合国家的课程标准及地方课程的要求？
- 问题是否具有一定的挑战性，需要学生通过持续探究解决？
- ……

在具体分析问题的合理性时，教师可以借助下面的问题自查表对问题进行分析。问题自查表分为KWH（Know-What-How）自查和合理性自查两部分。其中，KWH自查主要通过"已经掌握的内容—想要学习的内容—未来如何学习"这个结构来进行分析。

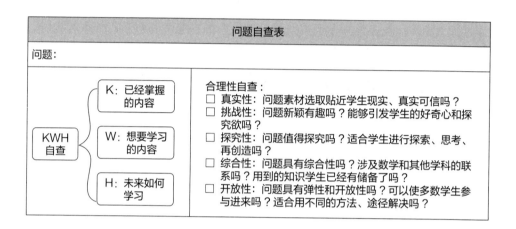

除核心问题外，教师还可以设置一些引导性问题，围绕项目主题和核心问题，用浅显易懂的语言进行具体描述，或者将看起来难以解决的大问题拆分为相对容易解决的小问题，从而促使整个探究过程顺利进行。

总之，以问题的形式对项目主题做进一步分解，可以使教学更具针对性。教师以问题为出发点，有的放矢，循循善诱，可以更好地引导并驱动学生积极思考、参与课堂活动；以现实生活中的问题驱动，更具有真实性，可以使数学学习更贴近学生生活。

 问题7　如何在核心问题引导下进行任务设计？

一、根据问题细分成任务串

任务是对问题的进一步细化，是落实到项目式学习课堂的最小单元，是项目式学习的具体表现形式。根据不同的标准，可以对任务进行不同的分类。例如，根据任务的类型将任务分为设计型任务、探究型任务、调查型任务、立场型任务等；根据任务在探究中的角色定位和所起的作用，可以将任务分为核心任务和支持性任务。

确定问题后，可以先根据需要整理出解决问题的思路，然后根据内在逻辑分解问题，将问题分解成不同的阶段，每个阶段再细分出需要解决的任务，构成任务串，层层递进、逻辑清晰、有条不紊地解决问题。这样通过层层细分，就将一个比较复杂的项目式学习活动分解成一个个具体的任务。这样不仅可以降低问题难度，还可以增加学生探究的信心，将学生的注意力聚焦到学习内容上，通过问题激发学生提取已有知识，建立起问题与已有知识和经验的联系。

问题解决伴随着任务的解决而完成。新手教师在进行核心问题和任务设计时，可以借鉴使用任务串将核心问题按照阶段拆分成不同的任务。例如，在本书下编"探秘苏州码子，寻迹计数方法"课例中，不同阶段的任务被进一步划分为子任务，形成任务串。（注：下图为展示示例，问题解决具体分为几个阶段、每个阶段设计几个任务，教师可根据项目内容来确定。）

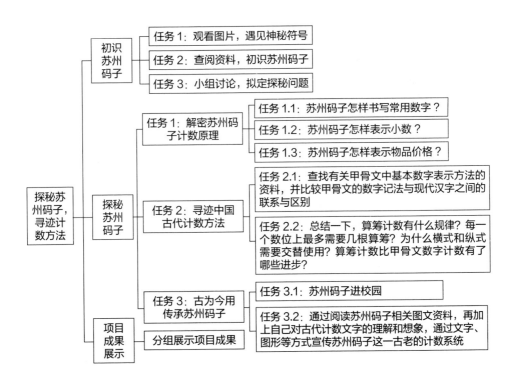

二、细分任务的指导性原则

问题和任务设计是项目设计的重要一环，问题和任务的质量直接决定整个项目式学习的质量。关于问题引导下细分任务的指导性原则具体如下。

（1）符合课程标准：任务设计需要从数学课程标准出发，明确任务重点和难点，确定合适的任务范围和难度。

（2）识别核心问题：通过课程标准和任务目标，识别项目中的核心问题，确保任务和课程内容的深入联系。

（3）明确任务目标：任务设计需要从多维度出发，明确任务的阶段目标和最终目标，确保任务具体和可行。

（4）优化任务结构：在核心问题的基础上，按照分阶段设计理念，对任务进行整理和分割，确保任务结构紧凑，每个阶段有具体的目标和任务。

（5）鼓励创意思维：任务设计需要鼓励学生发挥创造力和创意思维，让学生主动运用所学知识并提出新的观点和解决方案。

（6）鼓励团队合作：任务设计需要引导学生在小组内合作，分享问题解决思路及技能，培养学生的沟通合作等面向未来的社会交往能力。

（7）采用多样策略：针对各种不同的任务，可以采用多种不同的策略，如互动讨论、实验、绘图以及其他课堂教学的策略。

（8）进行多元评价：任务完成后进行多元评价，如口头报告、研究报告以及其他课堂教学评价策略，从而对任务完成度进行全面和公正的评定。

综上所述，在初中数学课堂上实施项目式学习，可以根据以上原则，以跨学科核心问题为引导，进行多样化的任务设计，从而激发学生的学习兴趣和动力，提高学生学习成果的品质。

 问题8　如何有效设计学习支架？

开展项目式学习，学生需要自主探究问题，并积极参与合作学习。相较于传统的教学方式，项目式学习对学生的自主性和控制力要求更高，教师可以借助有效的学习支架来帮助学生克服困难和挑战，提高学习效果。

一、有效学习支架的要素

有效的学习支架应该包含以下几个要素。

（1）明确而具体的项目。进行项目设计时需要有清晰明确的主题和目标，让学生明白任务目标以及如何完成它。

（2）清晰的学习目标。设计学习支架需要考虑学生要掌握哪些知识点和技能，明确学习目标，让学生能够确切知道自己学习的方向和目标。

（3）合理的分组组织。良好的分组组织可以促进学生之间的交流，增加合作的机会，并将困难分解给整个团队，避免某些弱势学生被孤立。

（4）适当的指导和评价。教师需要提供适当的指导和帮助，监督学生的进度，解决学生的困难，及时给予反馈和评价，让学生知道自己的进步和不足之处。

（5）合适的资源。合适的资源可以支持项目的学习过程，如图书馆、实验室、计算机等资源。

通过对以上要素有效组合而设计的学习支架可以促进学生主动性、自主性和合作精神的发展，提高学习成果的质量。

二、具体设计建议

以下是一些具体的设计学习支架的建议和实例。

（1）建立任务团队：可以将学生分成2～4人一组完成项目任务，共同进行学习和探究。例如，教师可以让学生分组完成基于概率的益智游戏、数学建模等任务。

（2）编写任务指南：用清晰的语言写出任务的目标、要求、具体步骤以及所需资料，让学生更清晰地理解任务并做出回应。例如，教师可以为学生提供课程计划和细节，以支持学生制订个人／团队计划和进行时间管理。

（3）确定学习细节：教师应结合学生实际情况，具体规划学习目标和任务完成时间，并监督学生按照计划执行任务。例如，让学生在一个月的时间内建立风车模型，并分配好每个学生的任务，如背景知识调研、构思设计、实验模型构建、撰写报告、制作展板等。

（4）创设学习环境：提供一种轻松且有利于学习的环境，包括提供有价值且有趣的学习机会和资源，并及时诊断和反馈学生的学习成果。例如，提供与任务相关的实习、实践、数字教程等资源，如GeoGebra几何绘图软件等。

（5）整合课堂资源：充分利用丰富多样的数学学习材料，如数学作品集、互动式游戏、实验用具和数学模拟器等，帮助学生更好地理解概念和应用技能，并在学习任务中发挥学生的个性和创意。例如，让学生在研究统计数据分析时使用Excel工具，更好地理解数据的分布和特点。

（6）创建实践环节：让学生通过实际场景中的数学问题来系统实践和应用所学内容，提高其运用数学知识解决问题的能力。例如，在比赛中设计数学创意问题，鼓励学生"玩中学"。

（7）鼓励反思和反馈：让学生定期进行学习回顾，并给出个性化的、有效的反馈和建议。例如，组织学生分享个人／团队的经验和策略，并提出为解决任务而探究的动机和使用的策略。

总之，在初中数学课堂中，有效地设计学习支架对于促进学生的积极探究和提高学生的学习效果至关重要。良好的学习支架可以为学生提供减少困难和消除障碍的途径，以更有效地完成任务。

第三章

跨学科主题学习实施

在初中数学跨学科主题学习中,开展项目式学习可以激发学生的学习兴趣和能动性,同时也给教师的角色带来一些变化:教师不仅是知识传授者,还是指导者、评价者、设计者和激励者。

1. 设计者角色

在项目式学习中,教师需要为学生提供具有挑战性、相关性、实际意义的任务,以激发学生的学习兴趣和主动性。例如,可以设计一个涉及购物的项目,要求学生计算商品折扣和税费等,同时加大难度,要求学生设计出最优惠且能满足需求的购物方案。设计时教师应根据学生的实际水平合理安排任务难度和进度,确保学生都能够完成任务并感受到挑战,获得成就感。

2. 指导者角色

在项目式学习中,教师需要引导学生思考问题,并提供必要的指导和支持。例如,还是购物的项目,在学生开始进入项目时,教师可以引导学生通过分析和总结商店的促销方案,了解利润率、购物方案中的逻辑关系、计算方式等必要的数学概念和计算技巧。

3. 评价者角色

在项目式学习中,教师需要及时评价学生的表现,以激励和指导他们不断进步。例如,在购物项目结束后,教师可以组织小组展示购物方案,并根据学生的表现、学习成果等对学生进行综合评分,同时给予建设性的反馈和指导。

4. 激励者角色

在项目式学习中，教师要充分尊重和关注学生的个人需求与兴趣，为学生提供适当的激励。例如，给予计算方案和解题方法优秀、展示流畅的学生表扬和鼓励，并为在挑战中坚持下来的学生鼓舞士气。

项目式学习最终的理想状态是教师和学生形成学习共同体，共同探索复杂问题。随着学生年级的升高、能力的发展，教师的角色也应当有所变化。

（1）在学生刚开始接触项目式学习时，教师的示范和指导比较重要。因为实践经验和知识储备的限制，学生尚不具备进行自主探索或合作交流的能力，如果贸然让其自主活动，往往效率极低，无法达成任务目标。此时，教师需要示范如何记录数据、如何呈现结果、如何与同伴分工合作等，并在活动过程中及时提供帮助和指导。

（2）在学生具有一定的项目式学习经验后，教师可以适当后撤，减少指导的比重。教师可以提供必要的技术或工具支持，协调活动进程，引导学生自主探究和进行团队合作，给予学生自主选择和表达的机会。此外，还可以参与学生的讨论交流，适当提供建议，鼓励学生积极表达观点和想法，关注每个学生的表现，组织成果展示，总结学生作品的优点和不足。

（3）当学生可以相对独立地开展项目式学习后，教师可以以合作者的身份参与实践，与学生共同寻找解决问题的方法，和学生形成学习共同体。团队合作解决复杂问题是学生未来在生活、工作中常见的形式，教师应在活动过程中引导学生积极建立生生之间、师生之间的合作关系，帮助学生提高与他人合作解决问题的能力，让学生既发挥自己的主观能动性，也体会到团队的价值。教师还可以邀请学生参与到项目式学习的设计环节，共同进行主题选取和任务设置，鼓励学生自主选择感兴趣、想探究的问题。

？ 问题10　在教学实施中如何组织和促进小组合作？

小组合作是项目式学习的一个重要特征，也是学生高效解决核心问题、发展合作意识、提升合作能力以及彼此交流学习的必要途径。当学生一起完成项目时，他们会学到富有价值的合作技能，学会管理团队动态和冲突，以及建立彼此的优势。创建项目式学习的学习小组有多种方法，但在小组组建过程中有意识地进行分组是十分重要的。教师在指导学生分组时要有策略，这不仅可以让学生在一起工作更高效，还可以为所有学生提供机会，让他们掌握领导技能，发挥自己的优势并且向身边的同学学习，在具有挑战性的领域获得更多成长。

1. 结合学生情况确定小组规模

项目小组的规模往往取决于学生的年龄、参与项目式学习活动的经验水平以及项目的复杂性。

- 对于大多数项目，3~4名学生组成的团队可以实现公平地分配工作，并能促进学生交往技能的发展，而不会让学生感到不堪重负。
- 对于项目成果复杂度高、需要更多工作内容和专业知识的项目，可以考虑组建5人以上的团队。
- 对于低年级或缺乏合作经验的学生，可以考虑将学生分成两人一组，或全班学生一起完成项目。

也有研究者指出，小组成员的数量应尽量为偶数，避免有学生落单；也有研究发现，女生在项目中会有更一致的目标。这些都可以作为教师组建学习小组时的考虑因素。

2. 结合项目特征确定分组形式

根据不同的项目特征和班级情况，教师可以依据不同方式进行分组。

在项目难度较低、主题较为常见，或者教师在项目前期准备的时间、经历有限的前提下，可以采用随机分组的形式。对于初中阶段的学生，很多班级有固定的学生学习小组，这些固定学习小组内部可能已经具有了稳定的合作模式和默契，那么在这种情况下，教师也可以选择现有的小组作为项目式学习小组。

对于难度较高、跨学科特征较强的项目，教师首先要充分了解学生的能力、特长和兴趣，可以采取"组内异质，组间同质"的分组模式，以确保每个小组都有能力高效完成项目式学习任务。比如，对需要运用信息科技手段实现某些数据分析的项目，教师在进行项目分组时，要尽量保证每个小组都有擅长信息科技或对数据分析有兴趣的学生，这样有利于均衡各个小组的能力，避免其他领域技能对数学项目式学习的效果产生过大影响。

随着学生年段的升高和合作性的增加，可以在组建小组时让学生有更大的自主权，学生可以自主以研究问题或兴趣为基础组成小组。当教师计划一个学期或学年的项目时，尽量保证在不同的项目中有不同的分组，这样学生就有机会与不同的小组成员一起合作。同时，教师也要提醒学生，能够和不同的同学，特别是以前接触较少的同学一起合作，是非常宝贵的机会。

3. 关注学生小组内的角色分工，确保每个学生都能有思考地进行认知参与

小组内部要有明确的角色分工，而项目式学习小组的角色可以分为两大类：认知角色和管理角色。[①]担任管理角色的学生可以是小组的组长、负责人，但同时他们不能仅担任小组的管理者，要确保每一位小组成员都对小组任务的完成做出认知贡献，实现全体组员智力上的成长。为实现这一目标，教师可以在各组分工及合作时引导学生先独立思考，再让数学能力水平较低的学生发言，水平较高的学生进行补充，以保证小组的每位成员在合作过程中相互学习。

教师也可以采用 Think-Pair-Share 的模式辅助学生进行认知参与。Think-Pair-Share 是一种可以在课堂上使用的教学策略，可以让学生在被其他学生的答案影响之前，有时间进行个人思考，处理新信息。这个过程还能教会学生如何先向同学解释自己的想法，然后向更多人解释，从而有助于提高学生的合作和表达能力。

项目式学习中的 Think-Pair-Share 主要分为以下几个步骤。

- 提出问题：提出一个需要思考和讨论的问题或任务。
- Think ——独立思考：给学生一定时间进行独立思考，记录自己的观点，并给出合理的理由。
- Pair ——同伴讨论：学生与小组同伴分享自己的观点并进行组内讨论，记录彼此之间相同或不同的观点。
- Share ——全班分享：由组内的某位或某些学生在全班分享各小组讨论达成的共识与区别。

---

① 夏雪梅. 项目化学习的实施：学习素养视角下的中国建构［M］. 北京：教育科学出版社，2020：168.

例如，在本书下编课例"旗杆高度的测量"项目中，教师引导学生先独立思考有关测量问题的解决方法，再与小组成员讨论不同方法的可行性，最后由某位或某些成员总结本组方法，向全班同学进行分享。

4. 形成小组共识和小组协议

在进行项目式学习的合作探究之前，各个小组内部要共同讨论形成小组共识和小组协议。学生对于自己制定的规则或达成的共识，往往更容易遵守，并且也更能调动他们小组合作完成任务、相互学习的主动性和参与感。为达成具有创造性、高效性、安全感，能实现共同成长的小组合作氛围，教师在学生讨论过程中要引导学生思考：什么是好的项目式学习小组？好的小组要具备哪些条件？完成项目任务需要哪些角色？由谁来担任组长？如果有组员不积极参与，应该怎样处理？如果有组员没有履行自己的职责，将受到怎样的惩罚？如何处理小组内部出现的各类问题？如何进行组内的资源共享？如果小组成员遇到困难或出现错误，我们应该给予怎样的帮助？

在小组达成共识后，教师可以引导学生签订小组协议。小组协议有助于学生明确行动方向，将小组的共同愿景通过协议的方式呈现出来，以使学生更正式、更有仪式感地承担角色任务，也能时刻提醒学生履行自己的职责，按照大家共同约定和期望的方式进行小组合作。

小组协议主要包含小组名称、小组成员及分工、小组达成的共识（小组约定）、小组成员的签名与日期等内容。（见下表）

小组名称	
小组成员	
小组目标 成员目标 　成员1 　成员2 　成员3 　…… 共同目标	
成员分工	

续表

小组约定	
补充说明	
小组成员签名	

在各组制定小组协议前，教师可以发给每组学生一张小组协议表，也可以为各组提供小组协议模板，并允许学生修改协议条款。在小组成员达成共识、签订协议后，小组正式组建完成，在之后的小组合作中，每个小组中的每名学生都要严格遵守协议中的内容，并在建立合作意识、产生责任感的同时，发挥自身的独特价值。

5. 关注课堂上小组合作的效率

在初中实施项目式学习的时间往往是有限的，但小组合作又需要教师为学生留有充足且合适的合作探究时间，因此更要关注课堂上学生小组合作的效率。教师在项目准备阶段，就要准备好学生小组合作可能需要的材料、工具、学习支架和方案等，以高效利用课堂上的所有时间。对于需要学生使用网络信息平台或现场实地考察的合作任务，可以采取课内课后相结合、线上线下相结合的模式，在使学生应用跨学科知识的同时，为项目式学习的合作探究注入多样性。

问题 11　什么是好的项目式学习成果？

项目式学习不同于其他探究类学习方式的一个重要特点就是，项目式学习的最终结果会以成果、产品的形式呈现。项目式学习的最终成果可以是具体的实物作品，如平面图、模型等，也可以是实验报告或研究报告，如数据图表、统计报告等，还可以是一个方案、一个设计等。[1]项目式学习成果作为整个学习活动中不可或缺的一部分，对任务目标的最终体现和学生实践效果的检验都是至关重要的。因此，好的成果也是构成高质量项目式学习活动的关键。

1. 指向核心问题

在设计项目目标及核心问题时，我们强调以终为始，考虑我们的目标和问题是为了得到怎样的成果；同时我们最终得到的项目成果，也要能够指向项目目标的达成和核心问题的解决。比如，在本书下编课例"体育运动与心率"项目中，核心问题是"体育运动与心率的关系"，最终项目成果是慢跑和跳绳运动中心率随时间变化的对比研究报告，这样的成果就对应解决了核心问题，并且学生依托成果的产生过程也实现了相应的项目目标。

2. 指向对核心知识与技能的深度理解和转化

好的项目成果在产生过程中会充分调动学生对所涉及知识和技能的深度理解与转化。学生只有真正理解了核心知识、具备了相应技能、实现了学习目标，才能得到满足项目要求的成果。比如，在"体育运动与心率"项目中，学生要经历体育运动与心率课题研究的全过程，体验建立函数模型解决实际问题的一般方法，运用函数、统计等核心知识与技能，才能得到最终的项目成果。

有些项目可能包含多个核心知识，不同的核心知识对应不同的子成果，最终的项目成果要对子成果进行汇总，并形成相应的成果说明。

3. 体现个人价值及团队价值

项目式学习的成果既要体现团队合作的作用，也要体现学生个体的价值，确保每个成员都能参与进来，并在此过程中保证学生个体的学习质量。好的成果应该是每位团队成员都充分发挥价值、以小组合作的形式共同完成的，并且经过了团队成员深入探究。因此，预设项目式学习成果时可以分为团队成果和个人成果。个人成果是学生个体在实现项目目标、完成团队任务时所负责的部分任务产生的"子成果"，如对同一研究对象的不同类型数据的分析结果；团队成果是在小组合作形式下由个人成果经过整合加工后产生的、能够直接指向

---

[1] 郭衎，曹一鸣. 综合与实践：从主题活动到项目学习 [J]. 数学教育学报，2022，31（5）：5.

核心问题的"总成果",如对不同类型数据分析结果整合得到的研究对象的整体分析报告。也就是说,个人成果和团队成果要相互关联,共同指向学习目标和对知识的深度理解。

4. 包含成品和对成品的说明

项目式学习成果不仅要求学生能得到成品,还要求学生能够说明、解释、介绍成品及得到成品的思路、过程。因此,项目式学习的成果往往包含两方面:一方面是制作或表现出来的成品本身,另一方面是关于成品的制作过程及制作理念的介绍说明。关于成品的说明形式也是多样的,可以是书面的文本、图示、PPT,也可以是现场汇报、音频或视频等。并且在项目式学习过程中,学生的研究报告、设计手稿、方案记录、小组日志等,都可以作为最终成果的辅助材料。

在形成成果的过程中,我们可以借助一些合适的工具和手段来辅助引导学生形成好的成果。"三步成果概要"①就是帮助学生快速形成对成果的初步想法的有效工具,让学生在形成成果前,先思考、形成方案,而不是急于动手。(见下图)

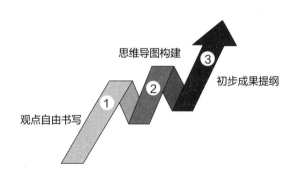

第一步:学生独立回顾项目前期探究内容,并写下对成果的初步构想。在此步骤中,教师可以通过引导学生进行规定时间内的头脑风暴,激发学生对项目成果进行充分的思考。

第二步:以小组为单位交流每个人的初步构想,并建构关于小组成果构想

---

① 夏雪梅. 项目化学习工具:66个工具的实践手册[M]. 北京:教育科学出版社,2022:158-159.

的思维导图。在此步骤中，教师引导学生对上一步形成的观点进行分析和归类，并且小组成员针对不同观点进行讨论，达成共识，以思维导图或其他合适的思维工具的形式进行可视化的整理和汇总。

第三步：小组成员根据最终形成的构想撰写提纲，完成初步的成果制作。项目小组将思维导图中的不同观点按照合理的逻辑次序或时间顺序，整理出成果的初步实施规划，并完成成果概要的内容。

通过对"三步成果概要"工具的使用，学生可以有计划、多角度地对成果进行思考，从而产生更具创造力与更高质量的成果。

例如，在本书下编课例"国内生产总值（GDP）调研"项目中，学生首先要独立回顾研究的目的和收集到的相关数据及信息，形成最终成果展示内容、形式等方面的初步构想；其次，以小组为单位交流每个学生的初步构想，整理汇总不同学生对数据的不同关注点，以及所预期的不同呈现方式，达成小组共识的观点和构想；最后，整理出成果的初步实施规划以及研究报告和汇报展示的关键要素，完成最终的项目成果。

问题 12　如何进行成果的展示与评价？

一、成果的公开展示

形成成果是项目式学习的重要特征，而成果的公开展示是学生参与项目式学习活动中的重要环节。在此过程中，教师应促进学生反思、回顾自身参与项目的历程，让学生在展示、交流自身成果与他人成果的过程中有所收获。同时，也要为学生提供与现实世界交互的机会，帮助学生构建起数学知识与现实世界的桥梁，学会用数学的眼光观察现实世界，用数学的思维思考现实世界，用数学的语言表达现实世界。

需要注意的是，项目的成果不仅可以是具体的实物产品，如校园或公园平面地图，也可以是调研报告、设计方案等，因此成果的展示形式也是丰富多样的。对自己项目成果的公开展示和交流，不仅可以增强学生的主观能动性，让他们在项目过程中更有仪式感和获得感，还可以将项目的核心内容可视化，进一步增强对数学及其他学科知识的深度理解。

1. 形成项目成果海报

项目成果海报是可以将学生形成成果的过程可视化的展示工具。通过它，学生可以梳理、回顾项目的全过程，客观、有组织地展现小组合作下项目的探究情况、成果，以及经历项目式学习活动后的收获、感悟。

项目成果海报可以包括三大板块，分别是项目基本信息、项目探究过程、项目成果说明。（见下图）

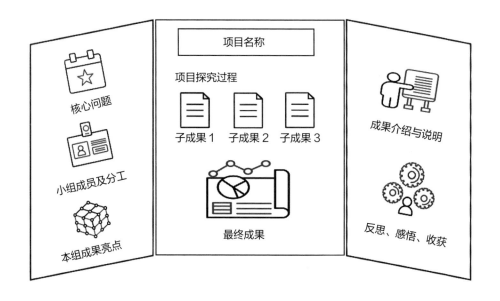

项目基本信息：上图左边板块主要呈现小组解决的核心问题、小组成员及分工和小组展示的成果亮点等。

项目探究过程：上图中间板块主要呈现小组是如何探究成果的、各阶段子任务对应的子成果，以及指向项目核心问题的最终成果，可以通过文字、照片、图表等形式呈现。

项目成果说明：上图右边板块主要呈现项目最终成果的介绍与说明，以及项目完成后小组成员的反思、感悟、收获等。

学生可以动手制作实物海报，也可以制作电子海报，方便进行线上展示和交流，让公开展示的过程变得更加灵活。

2. 举办公开成果展会

海报展示、PPT汇报交流、实物作品展等适用于不同类型的项目式学习活动。项目成果展示可以安排在课外时间进行，从而有效利用跨学科主题学习活动的课时安排。一个小型的成果展会并不需要花费太多的资源和时间，教师可以选择教室、走廊、教学楼或图书馆大厅等地方，利用班会、家校活动日甚至课间进行成果展示。学生也可以结合网页、公众号、自媒体等多种渠道发布、展示作品。

参与成果展会的群体除了学生，也可以包括教师、家长及社会人士。对于学生来说，他们既是公开成果展会的组织者，同时也是参观者；他们既要充分展示自己小组的成果，也要对其他小组的成果进行分析评价、互动交流；既要回答他人提出的问题，也要提出自己感兴趣的问题。

教师在公开成果展会中通常是组织者、观察者、指导者，可以引导学生共同组织公开成果展会，并为有能力的学生留出足够的发挥空间。此外，教师在对学生的成果、表现进行评价的同时，还可以将展示过程中发现的普遍问题进行汇总，组织学生集中讨论，促进学生反思。对于家长及社会人士，他们可以对展示的成果和学生的表现给予客观、多角度的评价，从而增强学生的认同感、成就感和社会参与感。对项目成果给出的专业评价和建议本身就是学生宝贵的学习资源。

二、成果的评价、反思与改进

任何好产品都需要经过多轮打磨和迭代，评价和改进成果的过程，是学生不断反思、不断学习、回顾项目目标、深化知识理解的过程。如下页图所示，如果说在项目式学习中，教师能够引导学生发现真实情境中的问题，并将其转化为数学问题，从而寻求数学解答，这构建起了从现实世界到数学世界的桥梁；那么，学生的反思和改进，则是从数学世界回到现实世界的途径。从数学解答回到真实情境中解答的过程，以评价促进反思，以反思促进成果完善，这条线索应当在项目开展的过程中多次迭代。教师可以在学生解决问题的过程中，特别是在项目成果展示环节，启发学生思考：我是怎样想的？怎么做的？是怎样想到的？这样做对吗？符合实际吗？还有其他方法吗？还有更好的方法吗？等等。

项目式学习中的评价不是为了给出一个具体的分数从而给学生排序，也不是为了抓住学生的错误不放，而是阶段性地为学生的学习提供反馈，学生根据反馈进行修改完善，从而实现更好的进步。项目成果的评价内容应当是多维度的，既包括对成果是否满足项目目标的判断，也包括对核心素养、问题解决策略、合作交流技能的表现评估。评价的主体也可以由多方构成，形成多角度的评价。

1. 制定成果评价量规

形成制定量规的意识并且制定标准规范的量规，能为学生提供清晰的努力方向，帮助学生在形成、改进成果的过程中有明确的目标和预期达到的标准。评价量规可以由教师制定，也可以由学生共同讨论形成。以设计制作产品包装盒为例，评价量规可以如下表所示，教师可以结合具体项目内容、成果类型、学生情况设计不同的水平量规。

第（　）小组 ＿＿＿＿＿＿＿＿成果　评价人：＿＿＿＿＿＿

内容	维度	初阶水平	中阶水平	高阶水平
制作包装盒	绘制展开图			
	设计展开图			
	完成长方体包装盒			
	提出更节省材料的方案			
	制作更科学的包装盒			
	研究报告			
	产品说明			
小组合作	合作交流			
	任务分工			

2. 多方群体多角度评价

项目式学习成果面向的是学生、教师、专业人士等多方群体，自然也要接受不同群体从不同角度的评价。学生可以自评（见下表），也可以互评；小组内部可以进行组内评价（见下页表），小组之间可以进行组间评价。生生互评的方式可以帮助学生了解同辈之间的看法和观点，能够取长补短、互相学习。

学生自我评价表	
知识	试写出你学到的新知识（1～5项）
沟通	试写出你曾对组员提出的建议或意见（1～5项）
协作	试写出你曾替别人解决问题的有效方案（1～5项）
个人学习	试写出你获取重要信息的来源（1～5项）
情感体验	试写出现阶段学习中你的体验或看法（1～5项）

而教师作为整个项目式学习活动的设计者和执教者，清楚项目式学习的学习目标，了解各组学生形成项目成果的全过程及过程中的表现，因此教师对于学生项目成果的评价，可以从更高的维度和更广泛的角度进行。对于社会中的专业人士和其他公众群体，他们可以为项目成果提供更客观、更专业的评价，而这些评价也将进一步帮助学生意识到成果存在的问题，不断改进、不断完善项目成果。

组内评价表							
编号	题目	成员1	成员2	成员3	成员4	成员5	成员6
1	大部分时间他踊跃参与，表现积极						
2	他的意见对我很有帮助						
3	他经常督促／鼓励小组其他成员积极参与活动						
4	他能够按时完成自己应做的工作和任务						
5	我对他的表现满意						
6	他对小组的贡献突出						
7	如果有机会，我非常愿意与他再分到一组						

下编

典型课例解析

探秘二维码

——融合有理数运算的教学实践①

数学是信息科技发展的有力支撑。通过组织学生开展项目式学习，探秘与我们生活息息相关的二维码背后的数学原理，能激发学生的学习、探索热情，引导学生逐步养成用数学的眼光观察、思考、表达现实世界的意识与习惯。探究活动分为三个阶段：课外科普学习、课内原理探索、课外实践应用。学生以小组为单位互助共研，查阅二维码的发展历程和实际

课例名片

👤 **年　级**：七年级上学期
📋 **总课时**：3课时
　　　（课内2课时，课外1课时）
🖼 **学　科**：数学、信息科技

应用，借助有理数运算的相关知识，挖掘其背后的数学奥秘。学生在实践活动中，发展抽象能力、推理能力、运算能力等核心素养，开阔视野，激发想象力，提升信息素养。

主题分析

学生完成探秘二维码的项目式学习，需要先了解二维码的产生、发展及运用情况，具备数学和信息科技方面的知识储备，具体表现为利用十进制转化为二进制的数学知识，开展实际的编码活动，并体验通过应用程序生成二维码的过程，所以该项目式学习涉及数学、信息科技等方面的知识。活动将数学知识和科技前沿、信息技术相结合，开阔学生视野，激发学生的好奇心，吸引学生主动学习，实现真实性学习②。

---

① 设计与执教者：万兵（华中科技大学附属中学）。修改与点评者：周远方（湖北省教育科学研究院）、肖文记（湖北省武汉经济技术开发区第三中学）。

② 真实性学习即基于真实生活并面向真实世界的学习，鼓励学生积极创造、创作共享。

（一）课程标准要求

2022版课标在有理数的学业要求部分强调要"会用乘方的意义准确进行有理数的运算"。在教学过程中，通过乘方的运算，学生能实现十进制运算与计算机二进制运算之间的转换，强化运算能力；同时，进制的转换涉及代数中的逻辑推理，能有效提升学生发现问题和提出问题、分析问题和解决问题的能力。

课标在课程理念部分强调要合理利用现代信息技术，提供丰富的学习资源，设计生动的教学活动，促进数学教学方式方法的变革；在实际问题解决中，创设合理的信息化学习环境，提升学生的探究热情，开阔学生的视野，激发学生的想象力，提高学生的信息素养。这与《义务教育信息科技课程标准（2022年版）》的课程理念高度一致，即强调"以真实问题或项目驱动，引导学生经历原理运用过程、计算思维过程和数字化工具应用过程，建构知识，提升问题解决能力"。

（二）核心素养表现

1. 抽象能力的具体行为表现。学生需要初步了解二维码技术，掌握二维码的基本结构和编码流程，从二维码的制作过程中识别、抽象出数学信息，提出要研究的数学问题，选择研究问题的数学工具，分析问题并予以解决。

2. 运算能力的具体行为表现。该项目式学习是在学生刚刚学完有理数的加、减、乘、除和乘方运算的基础上开展的活动课。类比十进制的计数原理探究二进制的计数原理，需要学生理解乘方的运算和两种进制相互转化的运算逻辑，这都有助于发展学生的运算能力。

3. 推理能力的具体行为表现。学生需要通过类比十进制探索二进制的计数原理，掌握十进制、二进制相互转化的方法。这其中要经历类比迁移的探究过程，可以提高学生的合情推理能力。

4. 模型观念的具体行为表现。对排成一行的几个数字，可以按照位置原则表示成不同位上数字与基数的幂的乘积之和的形式，这就是模型观念的体现。用符号建立这样的表示方法，有助于培养学生的模型观念。

5. 应用意识与创新意识的具体行为表现。学生学习十进制下乘方的运算，理解这种运算形式的本质，并推广迁移，从而解决计算机在二进制下的计算问题。这是一个基于认知并超越认知的问题，学生需要通过小组合作掌握进制背后的本质规律，敢于尝试，大胆创新，这有利于培养学生的应用意识与创新意识。

（三）项目内容分析

如今的中学生是在数字时代背景下成长起来的一代，数字化学习与创新是这一代学生的必修课。结合当今社会的实例将数学与信息科技巧妙融合，是值得新时代数学教师钻研的课题。一方面，数学是信息科技发展的有力支撑，教师引领学生深入探究信息科技背后的数学原理，有助于学生逐步养成用数学的眼光观察现实世界的意识与习惯。在此过程中，学生会意识到自主可控技术的重要性，激发创造力。另一方面，信息科技的技术支持会给数学课堂带来活力，在信息技术的支持下，创设真实的学习情境，有利于学生深度参与课堂，实现深度而又真实的学习。

在数学知识上，乘方的定义是类比十进制探究二进制计数原理的理论支撑，有理数的运算是十进制数字转化为二进制编码的保障，而乘方运算和有理数运算正好是学生进入初中后人教版教材第一章所要学习的内容，因此，开展探秘二维码的项目式学习有利于学生深化对知识的认识、理解与运用，发挥知识的理论价值和应用价值。但学生在理解十进制与二进制的转化上有困难，教师需要提供一定数量的示例，在合适的时机予以引导，帮助学生突破难点。

在信息技术支持方面，学生已经初步认识了Excel表格，掌握了启动、退出Excel和在表格中录入数据的方法，以及剪切、复制与粘贴的方法，并能运用到实际操作中。

本项目式学习由数学教师主导，协同信息科技教师实施完成。由于学生基本不了解二维码的产生、发展和运用情况，因此需要学生组建小组，在课外查阅相关文献，学习有关科普视频，与信息科技教师交流，了解二维码在社会生产生活中的重要作用。在此基础上，学生还需进一步了解二维码的基本结构和编码流程，为后续识别、制作、生成二维码积累必要的知识基础。课内的探究（第二课时）主要是在教师的引导下，学生理解二进制和十进制转化的原理，将二进制编码录入文本文档，在生成二维码的应用程序中生成二维码。为进一步加强对学生应用意识的培养，第三课时的实践应用主要以学生独立编码为主，如让学生把更多的信息通过二维码的形式应用到实际生活的各个场景中，发挥知识的应用价值。（学习结构图见下页）

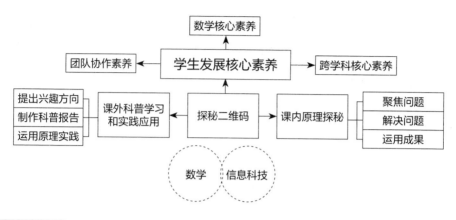

项目说明

（一）核心问题

基于上述分析，本项目需要解决的核心问题是：在我们的日常生活中，到处都有扫码的场景，二维码是如何生成的？这其中蕴含着怎样的数学原理？

（二）项目目标

1. 通过查阅二维码的产生、发展及应用等相关资料并在小组间交流汇报，能对二维码有一个整体、初步的认识，体验数据与编码在真实情境中的应用，同时增强团队合作意识和人际交往能力。

2. 通过类比十进制探索二进制的计数原理，掌握十进制、二进制相互转化的方法；知道编码和解码是信息储存和传输的必要步骤，知道编码的目的是将其作为唯一标志建立数据间的内在联系，以便计算机识别和准确管理，发展合情推理能力，感悟运算估计的应用，进一步增强数感；发展抽象能力、运算能力、推理能力、模型观念、应用意识、创新意识等核心素养。

3. 在探秘二维码的项目式学习活动中，经历用数学与信息科技知识探索并解决现实生活问题的过程，了解二维码的编码原理和生成方法，感悟信息技术的原始创新对国家可持续发展的重要性。

（三）实施策略

"探秘二维码"项目式学习主要分为三个课时，第一课时为课内课时，主要由学生在学校机房查阅相关资料、与信息科技教师沟通交流，然后制作主题式PPT进行小组内的交流分享，或分享网络上的相关科普视频；第二课时为课内课时，主要是学生根据对常见二维码（QR码）的认识，将"I Love Hustfz!"这句话存储在一个二维码里面，师生共同将字符编译成二维码进制码，用计算机完成剩余环节；第三课时为课外课时，学生制作能储存更多信息的二维码，应用于身边的生活场景。该项目实施流程如下图所示。

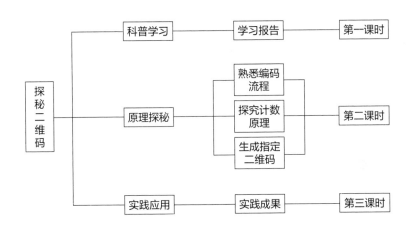

（四）学习资源

本项目式学习需要使用ASCII码对照表，帮助学生将字符转化为十进制数字；由于网络上的二维码生成小程序只要上传图片等资料即可生成二维码，缺乏对编码原理的呈现，因此需要信息科技教师提前通过C语言编写二维码生成小程序，外化编码过程，让学生深度参与二维码的生成过程，实现对数学知识的真实性学习。

课堂实录

第一课时：科普学习

师生活动： 教师播放视频，视频导语如下。

二维码技术于20世纪80年代在美国问世；1994年，日本Denso Wave公司的腾弘原发明了我们现在常用的二维码——Quick Response码（简称 QR 码），相比传统的Bar Code条形码，它能存储更多的信息，也能表示更多的数据类型。当前世界上90%的二维码个人用户在中国……（以快闪镜头呈现生活中扫码的场景：乘坐地铁，骑共享单车，听语音导览，购物，点餐、追踪产品信息……）

学习支架

教师自制视频，同时提供适量网络科普视频供学生参考。

学习评价

学生观看相关视频后，惊讶于看似平常的扫码行为中竟然蕴含着丰富的学科知识和跨学科交叉知识，从而对后续相关资料的查询表现出了强烈的兴趣，燃起了求知热情。

任务1：聚焦问题

师：通过刚才的视频，相信大家对二维码充满了好奇，你想从哪些方面去了解呢？

生：腾弘原发明的第一个二维码是什么形态？是什么原因推动了人们对二维码技术的研究？

师：很好，你对原始形态和推动技术发展的背后的原因充满了好奇。其他同学呢？

生：我们平时看到的二维码，有比较经典的黑白的，也有看起来更为美观的彩色的，我发现它们有共性，比如都有三个像"回"字一样的形状，它们的作用是什么呢？（见右图）

师：很好，你对二维码中的图案很感兴趣，你主要谈到的是二维码的基本结构。

生：二维码是一个图，为什么扫完后就能显示与之相对应的信息，这些信息是怎么存储到二维码中去的？

师：你的问题与信息的编码有关。

生：不同的二维码图案肯定是不同的，我们每天在不断扫着二维码，会不会有一天所有的二维码都被扫完了呢？

师：老师也有与你相同的问题。你可以稍后去了解下。

生：二维码是怎么制作的呢？网络上有很多二维码生成器，但是这些生成器是工程师们开发好了的应用程序，我们无法看到其背后的原理，我很好奇。

师：很棒！这涉及编程方面的内容，在今后的学习中，如果大家感兴趣，可以进入计算机领域，学习更多的编程知识来解答你们的困惑。大家可以看到，小小的二维码背后蕴藏着丰富的知识，大家提出的这些疑惑中，有些与数学相关，有些不相关。那请大家进一步思考：二维码背后的奥秘可能与我们学过的哪些数学知识有联系呢？

生：我们日常生活中常用的是十进制，计算机使用的是二进制，因此会涉及二进制的运算。

师：非常好，看来计算机中的运算是与数学密切相关的。在日常生活中，我们最熟悉、最常用的是十进制，据说这与古人曾以手指计数有关。既然十进制和二进制都是记数系统，它们之间有何区别与联系呢？请各个小组带着你们最感兴趣的问题，借助电脑查阅相关资料，做一个全面的了解，并制作成PPT，由小组派代表录成微课发到班级群中，与全班同学共享你们的研究成果。

学习支架

教师通过问题充分调动学生的兴趣。首先从感性认识出发，询问学生对与二维码相关的哪些问题感兴趣，学生的问题大多停留在感性和宽泛的认识上。为进一步聚焦数学学科，教师接着将问题的范围缩小，引导学生思考背后可能蕴含的数学原理与知识，为后续要探究的核心问题埋下伏笔。

任务2：查阅资料并填写科普任务单（见下表）

小组名称		科普方向	
选择原因			
PPT展示提纲			
PPT制作人		微课制作人	

> **学习支架**
>
> 　　教师为每个小组发放科普任务单，并对如何查询资料进行培训，以便学生更高效地完成任务。

> **学习评价**
>
> 　　学生能根据自己的思考，设身处地地选择组员或全班同学关心的问题，确定资料查询的方向，为后期小组间交流提供更丰富的素材。

第二课时：原理探秘

任务1：学生展示二维码的基本结构和编码流程

师生活动： 学生根据前一节课查阅的相关资料，展示二维码的功能图形和编码区格式，以及具体的编码流程，为后续二维码的生成提供理论与技术支撑。

师：哪个小组能为我们展示你们的研究成果？

生：大家看，二维码中的黑色小方块代表1，白色小方块代表0，黑白相间的图案连起来就是一串编码。常见的二维码（QR码）包括两大部分：功能图形和编码区格式（见下面左图），其中三个角上的"回"字形方框具有定位功能。具体的编码流程如下面右图所示。

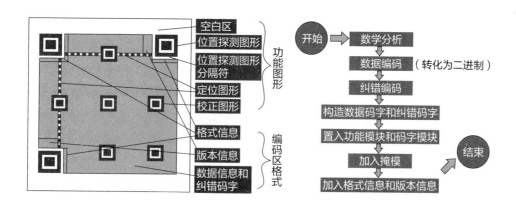

师：如何将信息与黑白方块对应呢？

生：这就要提到一个具有划时代意义的发明——二进制。通过二进制，每一个文字、数字、符号被"翻译"成一串由"0"和"1"组成的字符串。用白色方格代表"0"，黑色方格代表"1"。然后按特定规律，把这些白色与黑色方格进行排列，就得到了二维码。二维码实质上就是把信息（数据）转换成二进制码，再把二进制码填充到二维码这个大方块中。

师：我们平时看到的汉字信息或英文信息和数字有什么关系呢？

生：在计算机中，所有的数据在存储和运算时都要使用二进制数表示（因为计算机用高电平和低电平分别表示1和0），例如，像 a、b、c、d 这样的52个字母（包括大写）以及0、1等数字还有一些常用的符号（如*、#、@等），在计算机中存储时也要使用二进制数来表示，而具体用哪些二进制数表示哪些符号，每个人都可以约定自己的一套符号体系（这就叫编码），而大家如果要想互相通信且不造成混乱，就必须使用相同的编码规则，于是美国有关的标准化组织就出台了ASCII码，统一规定了上述常用符号用哪些二进制数来表示。

师：根据你所说，每一个字母都可以找到一个对应的二进制数，这就形成了信息与数字的一一对应关系，便于信息的编码与储存了。

学习支架

在第一节课中，学生已经对二维码的功能图形、编码区格式以及具体的编码流程进行了详细的查询了解，可以顺势将其作为本节课的起始环节。

学习评价

学生了解到编码和解码是信息储存与传输的必要步骤，体会到数据与编码在真实情境中的应用，其关键在于规则的制定。在今后的学习中，这种一一对应的思想还会经常遇到。

任务2：学生查阅ASCII码对照表

师生活动：学生查阅ASCII码对照表，将字符转化为十进制数字。

师：我们今天的任务是将"I Love Hustfz!"这句话存储在一个二维码里，请完成了信息对照的小组展示你们的成果。

生：请大家看ASCII码对照表、字符和十进制数字对照表这两个表格（表略）。表格中的字符和我们要使用的字母都对应着一个十进制的数字，而计算机是二进制的，因此需要把十进制数字转化为二进制数字，才能完成数据编码。

学习支架

为学生提供ASCII码对照表、字符和十进制数字对照表，以便他们后续将编码信息转化为二进制数字。

学习评价

在查阅对照表的过程中，需要学生认真细致，以此来培养学生严谨求实的科学态度；同时，学生可以体会到编码的目的是将其作为唯一标志建立数据间的内在联系，以便计算机识别和准确管理。

任务3：将十进制数转化为二进制数

师生活动：教师引导学生类比十进制的计数原理来探究二进制的计数原理。

师：十进制数字2如何转化为二进制数字？

生：$2=2^1$，因此根据逢2进1的原则，它对应着二进制的10。

师：十进制数字5如何转化为二进制？请大家开展讨论。

生：类比$242=2\times10^2+4\times10^1+2\times10^0$，2、4、2分别对应着百位、十位、个位数字，因此当我们将5写成2^2+2^0，$5=1\times2^2+0\times2^1+1\times2^0$，故对应着二进制的101。

师：十进制数字13如何转化为二进制数字？

生：采用同样的方法，$13=2^3+2^2+2^0$，因此对应着二进制的1101。

师：十进制数字73如何转化为二进制？

生：$73=2^6+2^3+2^0$，十进制73对应着二进制的1001001。

师：结合上述探究，我们便得到了以下认识（见下表）。

类比探究	十进制	二进制
每个数位上的数字可表示为	0，1，2，3，4，5，6，7，8，9	0，1
每个数位可表示为	10^n	2^n

学习支架

通过具体的举例分析，让学生在反复运用中理解任何进位制的数都可以表示成不同数位上数字与基数的幂的乘积之和的形式。

学习评价

在没有具体举例的情况下，学生认为十进制与二进制的转换较为抽象，难以理解，后通过具体运算，感受到十进制转化为二进制的核心是写成基数的幂的乘积之和的形式；而二进制转化为十进制的本质是幂的运算。

任务4：将"I Love Hustfz!"这句话的信息转录为二进制信息表

师生活动： 教师引导学生类比十进制的计数原理探究二进制的计数原理。学生分组计算，将十进制数字转化为二进制数字，并由组长汇总本组答案后，将二进制数字录入Excel表格。计算机的内存是按字节分配的，一个字节由八位二进制数组成，所以，要在计算得到的不足八位的二进制数字前面补0，生成二进制编码。（见下表）

字符	十进制	二进制	字符	十进制	二进制
I	73	01001001	H	72	01001000
空格	32	00100000	u	117	01110101
L	76	01001100	s	115	01110011
o	111	01101111	t	116	01110100
v	118	01110110	f	102	01100110
e	101	01100101	z	122	01111010
空格	32	00100000	!	33	00100001

学习支架

　　准备相应的字符表格，以便学生将转化为二进制后的数字填写在相应位置，同时发挥小组合作的力量，确保数字的准确性，便于下一步操作。

学习评价

　　学生在运算过程中，由于不熟练或者不仔细，容易出现错误，有计算的原因，也有对转换原理应用不熟练的原因，教师需要深入小组内部及时反馈、引导，并予以纠正。

任务5：生成二维码

师生活动：将二进制编码录入名为 input.txt 的文本文档中，并将文档保存到生成二维码的应用程序所在的文件夹中。在生成二维码的应用程序界面输入"code"命令，点击回车键，计算机生成二维码。

师：网络上有很多二维码生成小程序，只需要上传图片、资料等即可生成二维码。但很显然，这无法呈现编码的原理，大家有什么好的方法解决这个问题吗？

生：小程序是工程师设计出的程序，也就是计算机已经具有图片、资料的编码信息了，因此小程序可以直接执行编码信息命令形成二维码。我们现在需要体现将"I Love Hustfz!"转化为二进制编码的过程，因此可否开发一个应用程序，将二进制编码信息输入文本文档中，再让应用程序执行命令？

师：你说得非常好。我们虽然暂时不具备编程能力，但已经了解到二维码携带的就是计算机环境下的二进制编码，掌握了十进制和二进制的转换，也就了解了二维码携带信息的底层逻辑。

学习支架

　　提供信息科技老师运用C语言编写的二维码生成小程序。

学习评价

　　学生能够分析出二维码的本质是起到信息携带的作用，核心是将信息先对应到十进制数字进而对应到二进制数字，C语言编写的代码是执行信息携带命令的载体。该过程让学生体会到二维码也并非那么神秘。

第三课时：实践应用

任务：选择应用场景，编码制作二维码

①春季的校园繁花似锦，有小组关注到学校不少同学对树的类型很感兴趣，但又为不知道树的名称和生长信息而犯愁，于是想把树的生长信息存储在二维码里，供大家扫码了解。

②互赠明信片是我们表达情谊的一种很常见的方式，我们可以把想对同学、老师、家长说的话通过二维码传达出去。

③当同学们饭卡丢失时，卡片上的信息就显得尤为重要，可以考虑将卡片主人的信息（班级和姓名）存储到二维码中，以便用最快的方式找到失主。

【困难】如果想将汉字换算成二进制，该如何操作呢？

师：汉字编码是为汉字设计的一种便于输入计算机的代码。由于电子计算机现有的输入键盘与英文打字机键盘完全兼容，因而如何输入非拉丁字母的文字（包括汉字）便成了多年来人们研究的课题。汉字信息处理系统一般包括编码、输入、存储、编辑、输出和传输，编码是关键。不解决这个问题，汉字就不能进入计算机。汉字有多种编码，如国标码与机内码等。国标码是"中华人民共和国国家标准信息交换用汉字编码"，我们也可以借助它将汉字与二进制数字形成对应。

> **学习支架**
>
> 提供汉字编码的获取方法。

> **学习评价**
>
> 学生能够将日常生活中需要解释信息的事物与二维码结合在一起，已经初步具备了利用二维码为生活提供便利的意识。

特色点评

1. 促进了真实学习的发生

本课例中，学生经历了运用十进制转化为二进制的数学知识，替代计算机完成"数据编码"，并调用二进制编码生成二维码的深度学习过程。整个课堂

上学生全情投入，实现了真实性学习，在后续的测验中也发现学生对十进制与二进制转化的知识掌握得很好。

2. 提升了学生的参与度

课堂上，二维码生成的一瞬间，全体学生自发鼓掌庆祝，不约而同地感叹："太神奇了！"真实的学习情境支持学生深度参与，激发了学生的探究热情，提升了学生的参与度。

3. 加强了数学应用意识的培养

当学生成功编码并将信息存储到二维码中时，他们不仅获得了满满的成就感，还真切体验到了数学在生活中的应用。课后在对学生访谈时，大部分学生表示最大的收获是感到特别骄傲——自己可以制作二维码了！其中，一部分学过编程的学生在完成项目任务后，还借助网络平台的资料，主动探究二维码编码的"纠错编码"。由此可见，学生的应用意识和跨学科意识都得到了发展。

4. 落实了立德树人根本任务

本课例综合运用数学与信息科技等学科知识和思想方法，跨学科解决了二维码生成原理等相关问题，让学生感受数学与生活、数学与其他学科的关联，积累数学活动经验，体会数学的跨学科应用价值，发展应用意识、模型观念和学习能力。在了解二维码生成原理的过程中，学生感悟到知识应用的魅力，养成了求真务实的科学态度，提升了综合素质和核心素养，立德树人根本任务得到落实。

探秘苏州码子，寻迹计数方法

——融合数学文化的教学实践[①]

苏州码子脱胎于中国历史上的算筹，也是唯一还在使用的算筹系统。通过苏州码子探秘活动，带领学生寻迹数的产生与发展历程，让学生进一步认识数，体会进位制与位值制思想，从历史的角度了解中国古代计数的演变过程，并尝试从生活、美术等方面传承中国古代数学文化。

课例名片

人 年　级：七年级上学期

📅 总课时：3课时

（课内2课时，课外1课时）

🖼 学　科：数学、历史、美术

主题分析

苏州码子的形成与我国古代的算筹及计数数码的演变密切相关，它完全是由算筹——计数符号演变而来的。七年级学生刚刚学习了有理数，对数的认识也变得更抽象，对记数的方式、进位制的由来非常好奇，所以会对苏州码子感兴趣，想了解在中国曾广泛使用的计数系统是怎样计数的。所以本主题的设定既符合学生的知识学习需求，也满足了学生强烈的好奇心。

（一）课程标准要求

在项目式学习中，要引导学生"关注社会生活中与数学相关的信息，主动参与数学活动"，在与他人合作交流解决问题的过程中，能够严谨准确地表达自己的观点，并能较好地理解他人的思考方法和结论。在解决问题的过程中，引导学生"克服困难，树立学好数学的信心，感受数学在实际生活中的应用，体会数学的价值，欣赏并尝试创造数学美"。

---

① 设计与执教者：邵海磊（首都师范大学附属中学）。点评者：沈杰（首都师范大学附属中学）。

（二）核心素养表现

1. 抽象能力的具体行为表现。数学抽象是从事物的具体背景中抽象出一般规律和结构，并用数学符号或者数学术语予以表征。数学抽象是形成理性思维的重要基础，贯穿在数产生、发展、应用的过程中，没有抽象就没有数学的研究对象，学生每次学习的升华无一不是抽象的体现。此次项目式学习中的数学计数符号的变迁正是体现了数学发展不断抽象的过程。

2. 应用意识的具体行为表现。学生在了解中国古代计数方法的演进历史时，更能深刻地感受应用意识在数学发展过程中的重要性。正是因为在实际生活中数字应用的需要，才促进了数字表示方法的不断进化。

3. 创新意识的具体行为表现。通过苏州码子寻迹中国古代计数方法，感受中国传统数学文化，也是希望学生古为今用，创新地传承、发展中国的数学文化。

（三）项目内容分析

苏州码子在中国能够沿用数百年之久，也充分证明了它具有极其深厚的中国历史文化底蕴和鲜明的文化特征。所以有必要让更多的人去认识、关注、研究、传承它，保护我们中华民族的这项传统文化。为此，设置这一主题是很有教学和教育价值的。

本项目式学习选取的主题内容是苏州码子探秘。通过对苏州码子的探秘活动，让学生进一步寻迹数的产生与发展历程，从数学的角度进一步认识数字的演化进程，体会进位制与位值制思想；从历史的角度了解在不同时期古人如何发挥自己的聪明才智，创造了独具中国特色的数学文化，并引导学生尝试从生活、学习等方面传承中国古代数学文化。如下页项目式学习结构图所示，从问题提出到问题聚焦，从任务设计到核心任务，从问题思考到问题解决，本项目式学习始终围绕学生的核心素养培养展开活动。

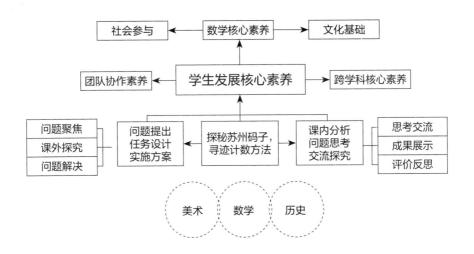

项目说明

（一）核心问题

探秘以苏州码子为代表的中国古代计数方法。

（二）项目目标

1. 在问题提出阶段，通过提出对苏州码子的诸多疑问并进行归纳整理，概括提炼出有价值的问题。

2. 在方案讨论阶段，经历任务分解、资料查阅、信息分类等过程，并能与正在学习的数系扩展相结合。

3. 在问题解决阶段，经历有效信息查找、动手实践、自主探索与合作交流等过程，发展阅读理解、信息提取、归纳概括等能力。

（三）实施策略

该项目实施流程如下页图所示。教师在实施项目活动前，需提前将学生分组，对学生收集、整理、提取信息进行方法指导，有条件的可以邀请历史老师介绍相关历史事件，为拓展学生的思维空间提供有效的支撑。

除课前布置查阅、收集资料任务外，本项目式学习主要分三个课时完成。

第一课时为课内课时，在师生初识苏州码子后，为了更清晰地解释学生提出的有关苏州码子的疑问，班级学生分组讨论，对疑问进行归纳概括，整理为

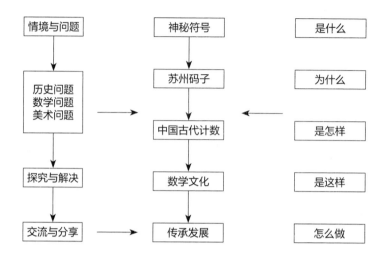

有探究价值的三个任务，随后在教师的引导下完成小组任务选取。

第二课时为课外课时，主要是学生根据项目主题，将任务进行分解，拟定研究方法与步骤，并在教师引导下收集资料、选取资料、分析资料、归纳概括等。此课时每个小组要进行的查阅资料、分析计数原理、制作实物等活动花费的时间会比较长而且各组时间可能不同，所以需要在课下进行。

第三课时为课内课时，学生按解密苏州码子计数原理、寻迹中国古代计数方法、古为今用传承苏州码子进行分组汇报，并展示创意成果。

（四）学习资源

为了更好地实现此次项目式学习的目标，教师指导学生在课下通过网络或书刊有效查阅、收集相关资料，包括：

- 苏州码子相关资料；
- 中国古代计数方法相关资料；
- 算筹、甲骨文相关资料。

课堂实录

课　前

布置课前任务，学生提前准备。（见下页图）

课前任务单

任务1：查阅与苏州码子相关的资料。

任务2：查阅相关文献，收集古代计数方法。

第一课时：初识苏州码子

任务1：观看图片，遇见神秘符号

师生活动：通过观看历史图片，发现神秘符号，引起学生的好奇心，为下一步的探究做铺垫。

师：2015年，故宫博物院北门斜对面的大高玄殿开始进行60多年来的首次大修，文物工作者"上房揭瓦"发现了不少秘密。一些特殊的符号出现在瓦的背面。（见下面左图）

师：作为中国第一条完全依靠自己的力量设计、施工、管理的铁路，京张铁路对中国人来说意义非凡。近几年，车站的工作人员先后几次在铁路沿线发现了这种刻着神秘符号的石碑——"⊥三""δ夂"，甚至有一块碑的正面写着"‖‖三上"、背面写着"‖‖三下"。（见下面右图）

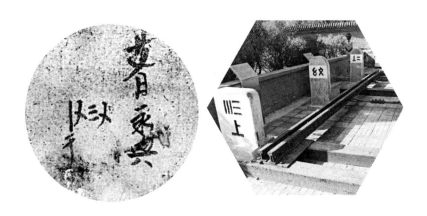

生：这些独特的符号是我国早期的一种数字符号——苏州码子。

师：什么是苏州码子？

学习支架

　　教师提前准备关于苏州码子的图片。

学习评价

　　通过认真观看图片，学生对符号背后故事产生了强烈的兴趣，对接下来的探秘学习跃跃欲试。

任务2：查阅资料，初识苏州码子

　　师生活动：根据课前查阅的资料和小组分工，由一个小组负责介绍苏州码子。

　　生：苏州码子是阿拉伯数字在我国广泛使用前的一种简便、快捷的记录数码，是我国民间早期的"商业数字"。苏州码子脱胎于我国文化历史上的算筹，是我国数字文化演变的产物，也是我国古代劳动人民智慧的结晶。

　　师：为什么叫作苏州码子呢？

　　生：明代中期后，苏州不仅农业、手工业发达，而且还是四方商人云集的贸易中心，经济极为发达，数码表达交易内容的方法很快被苏杭一带人们接受和使用，故叫作苏州码子。

　　师：为什么苏州码子会流行起来呢？苏州码子计数有什么优势？

　　生：苏州码子比汉语数字简单易学，比汉语大写数字简便易行。当时即便没有上过学堂的商贩，也能运笔如飞地写出苏州码子，因此它很受欢迎，在民间流行了数百年，常用于当铺、药房、食肆等，主要用途是速记，是迄今为止唯一还在使用的算筹系统。

　　生：19世纪随着阿拉伯数字在世界上的普遍使用，苏州码子作为中国传统文化虽然已使用了几百年，但还是在外界影响和强烈冲击下，逐渐退出历史舞台。目前在我国港澳地区的街市、旧式茶餐厅及中药房偶尔可见苏州码子的使用。（见右图）

　　师：你能读懂它的含义吗？今天就让我们一起来破解这一古老又神秘的符号吧！

　　教师引导学生在课前初步查找相关信息。

　　负责讲解的小组成员在解释时条理清晰，语言表达清楚。

任务3：小组讨论，拟定探秘问题

师生活动：小组分组讨论，拟定本组要解决的问题。

师：关于苏州码子你还有哪些疑问？

生：苏州码子是如何计数的？

生：苏州码子和中国古代的算筹是什么关系？

生：苏州码子是如何演化而来的？它的发展历史是怎样的？

生：中国古代还有其他计数方式吗？

生：对于苏州码子这一中国古老的数字符号所蕴含的数学文化，我们怎么传承下去？

……

接下来学生分组讨论，围绕隐藏在苏州码子背后的故事，拟定本组要解决的问题。

经过讨论，学生的疑问可以汇总为以下三个任务：

【任务1】解密苏州码子计数原理。

【任务2】寻迹中国古代计数方法。

【任务3】古为今用传承苏州码子。

确定上述任务后，各小组自愿选择任务，小组内部商讨方案，合作探究解决。

　　教师适当参与到各小组的讨论中，给予一定的提示和建议。指导各小组在自己感兴趣的问题基础上，选择本组承担的任务。

> ┌─ **学习评价** ─────────────────────────────────┐
>
> 　　在小组交流阶段，学生能提出自己感兴趣的问题，指出研究该问题的意义，并能对本组提出的其他研究问题进行归纳整理。在本组任务认领阶段，学生能对自己小组的问题保持较浓厚的兴趣，为完成探究任务提出建设性的意见。
> └──┘

第二课时：探秘苏州码子

任务1：解密苏州码子计数原理

师生活动： 教师参与组1的交流，讨论本组从何处入手来完成任务。

生：苏州码子是中国数字文化演变的产物，是阿拉伯数字在我国广泛使用前的一种简便、快捷的记录数码。

师：它很形象，上至官宦下至商贾和黎民百姓都在使用，即便是未上过学的人也极易掌握，而且能熟练地书写。

生：这说明苏州码子的书写及计数方式很独特，在当时各个行业应用都很广。

生：实际生活中所用数字很多不是整数，苏州码子能表示小数吗？

生：在市场上商品价格、重量等都有不同的单位，苏州码子怎样表示商品的价格呢？

师：为了解密苏州码子的计数方法，需要将任务再细分。

小组成员经过整理归纳，将本组任务分为以下三个子任务：

【任务1.1】苏州码子怎样书写常用数字？

【任务1.2】苏州码子怎样表示小数？

【任务1.3】苏州码子怎样表示物品价格？

苏州码子为我国独有，它起源于中国的算筹。如何计数，是人类社会从诞生之日起就不得不面对的问题。

任务2：寻迹中国古代计数方法

师生活动： 教师参与组2的交流讨论，寻迹古人用过的计数手段和方法。

生：古人是怎样解决计数这个问题的呢？古人还用过哪些计数的手段和方法？

师：我们知道，人对世界的观察、思考和认识总是遵循由近及远、从熟悉到陌生的普遍规律的。按照这样的思路，远古的祖先最初对数的思考和表达一定也是借助于身边熟悉的、唾手可得的事物的。

生：在这种情况下，利用自己的身体部件比如十根手指来计数，是古人最自然、最简单的选择。

师：用手指计数毕竟有其显而易见的局限性，人只有十根手指，如果要表达十以上的数字该怎么办呢？

生：这时候，利用身边那些随处可见的小石子计数成为古人的另一种选择。把石子摆在地上，需要多少用多少，这也是一种简单直观的计数方法。

师：石子堆容易被破坏，不易保存，人们需要更加实用、有效的工具和方法。

生：通过在绳子上打结和在树木、兽骨等物体表面刻痕来计数，作为经济活动的辅助手段，成为文字发明以前古人使用最多的两种计数方式。

师：在中国，文字出现得很早，而数字出现得更早，甲骨文数码是刻于兽骨与龟甲上的数码。

生：在早期的甲骨文上，人们发现了数字一二三四五六七八九十百千万，共13个。这说明早在殷商时期，我国就已经开始使用十进制计数了。

生：所以，我们应该再去了解一下甲骨文中的数字。（得出任务2.1）

【任务2.1】查找有关甲骨文中基本数字表示方法的资料，并比较甲骨文的数字记法与现代汉字之间的联系与区别。

生：继结绳计数、刻痕计数之后，聪明的古人又发明了一种更加高效的计数方式。他们用竹子、木头、兽骨等材料制成一些长短、粗细差不多的小棍子来计算数目，不用时则把它们放在小袋子里保存或携带。这些小棍子叫作算筹。（见下图）

师：算筹是我国古代广泛应用的一种计算工具。它的出现年代难以考证，但据史料推测，至迟在春秋晚期战国初年时就已经出现。算筹制作规范，体积小，便于携带，更利于精确计算，作为一种计数方式，显然要比结绳计数和刻痕计数成熟得多。

生：这样，我们还应该去了解算筹的计数方法。（得出任务2.2）

【任务2.2】总结一下：算筹计数有什么规律？每一个数位上最多需要几根算筹？为什么横式和纵式需要交替使用？算筹计数比甲骨文数字计数有了哪些进步？

任务3：古为今用传承苏州码子

师生活动： 教师参与组3的交流，讨论如何认识、关注、研究、传承苏州码子这项古老的传统文化。

师：苏州码子在中国能够沿用数百年之久，充分证明了它具有极其深厚的历史文化底蕴和鲜明的文化特征。

生：今天我们不可能在我们的社会生活中重新启用古老的苏州码子。

师：但我们祖先发明的这项宝贵的数码文化，应该作为一种文化遗产，由我们传承下去。

生：我们应该怎样做才能让更多的人认识、关注、研究、传承苏州码子，保护我们中华民族这项古老的传统文化呢？

生：我们可以尝试用苏州码子表示实际生活中的数字。比如在我们的校园生活中，用苏州码子表示学校食堂饭菜的价格、制作楼层标识牌等。（得出任务3.1）

【任务3.1】苏州码子进校园。

生：我发现我们从这一个个数码身上，既看到了几何图形、数字，又看到了书法、笔墨，这是历史的符号，也是艺术的符号。

生：查阅资料时，我发现苏州双塔集市每一个摊位前的灯箱上都有这样的符号，很大很醒目的毛笔书法字体——双塔集市标志中的"双"字由两个"乂"拼成，"塔"字由"⊥""艹""乂""δ"拼成。

生：苏州码子是中华文化的原生符号，是民间

传统文化的活化石。我们也可以尝试在苏州码子的基础上进行再创作。（得出任务3.2）

【任务3.2】通过阅读苏州码子相关图文资料，再加上自己对古代计数文字的理解和想象，通过文字、图形等方式宣传苏州码子这一古老的计数系统。

学习支架

  教师在小组讨论时适时地加入，就有关苏州码子和中国古代计数方法发展进程中的关键点、转折点，引导学生展开讨论，帮助学生打开思路。最后引导学生思考如何古为今用、进行文化传承的问题。

学习评价

  学生能够在教师的引导下，通过相关信息的收集查阅和小组成员之间的充分讨论，将小组成员提出的疑问经过整理归纳概括，转化为有价值的问题，再根据本组的任务特点，将任务进行分解，使本组任务的解决逻辑清晰、条理清楚，解读更有层次性。

第三课时：项目成果展示

师生活动：各小组代表汇报自己组的研究结果，其他组学生可在展示结束后提出疑问，由展示小组成员负责解答，小组互评和教师评价相结合。

【组1】任务1：解密苏州码子的计数原理。

生：我们小组通过查阅资料，发现苏州码子从一到十的写法依次为〡、〢、〣、〤、〥、〦、〧、〨、〩、十。11～19和20～90的整十数，由上面10个基本码拼写而成，只占一格，即：十〡、十〢、十〣、十〤、十〥、十〦、十〧、十〨、十〩和十、〢十、〤十、〥十、〦十、〧十、〨十、〩十。而20以上100以下的非整十数的拼写则写为十位和个位各占一格，如〢〣（22）、〣十〤（34）、〤十〢（42）、〥十〣（53）、〦十〨（65）、〧十〨（78）。苏州码子用位置表示大小，记数符号写成两行，首行记数值，第二行记量级和计量单位；可以横着写，也可以竖着写。（见下页图）

生：横版的第一行记载的是数目的数值，"乂〇‖〓"代表4022，第二行记载数目的数量级和计量单位。此处数量级是拾（十），代表第一行的左边第一位数字的数量级是十位。换言之，这个数字表示的是"40.22元"，或"四十元二角二分"。当苏州码子的丨、‖、‖‖数字组合要并列表示时，为避免数字连写产生混淆，偶数位写作横式。如丨、‖、‖‖、‖‖、‖、丨，可以写成丨〓‖‖〓‖一。

横排写法	竖排写法
乂〇‖〓	拾 乂
拾	〇
	‖
	〓

生：用苏州码子如何表示价格呢？我们举个简单的例子来说明。

标价5角9分，写作〥夊。▲代表"角"，它的尖头一般放在第一个数字〥的下方。

标价5元8角，写作〥〓。这个●代表"元（圆）"，它一般放在第一个数字〥的下方。

【组2】任务2：寻迹中国古代计数方法。

生：我们小组着重探究了中国古代的计数方法。我们查找了甲骨文中基本数字表示方法的相关资料，并比较了甲骨文的数字记法与现代汉字之间的联系和区别。

生：甲骨文数字的发现证明了世界上最通用、最方便的十进位值制计数法在我国殷商时期就开始使用了。

生：关于任务2.2，我们发现，算筹计数法以纵横两种排列方式来表示单位数目。其中，1~5均以纵横方式排列相应数目的算筹来表示，6~9则以上面的算筹再加下面相应的算筹来表示。（见下页图）表示多位数时，个位用纵式，十位用横式，百位用纵式，千位用横式，以此类推，遇零则置空。算筹工具被装在一个小布袋里，系在腰部随身携带，需要记数和计算时，可以随时随地摆弄操作，便捷实用。

```
纵式:    |   ||   |||   ||||   |||||   丅   丅丅   丅丅丅   丅丅丅丅
横式:    一   二   三   ≣   ≣   ⊥   ⊥   ⊥   ⊥
        1    2    3    4    5    6    7    8    9
```

【组3】任务3：古为今用传承苏州码子。

生：我们小组重点思考的是我们应该怎样做才能让更多的人去认识、关注苏州码子，进而研究、传承、保护这项传统文化。

生：我们把学校餐厅的饭菜价格用苏州码子表示出来。

生：教学楼的楼层我们也用苏州码子表示，并做出楼层标识牌。

生：我们还出了一道有关苏州码子的数学问题，如下。

苏州码子发源于苏州，在明清至民国时期，作为一种民间的数字符号流行一时，广泛应用于各种商业场合。110多年前，詹天佑主持修建京张铁路，首次将苏州码子刻于里程碑上。苏州码子计数方式如下：|（1）、||（2）、|||（3）、乂（4）、ゟ（5）、⊥（6）、⊥（7）、≣（8）、夊（9）、○（0）。为了防止混淆，有时要将"|""||""|||"横过来写。已知某铁路的里程碑所刻数字代表距离始发车站的里程，每隔2公里摆放一个里程碑，若A点处的里程碑上刻着"|||乂"，B点处的里程碑上刻着"夊十||"，则从A点到B点的里程碑的个数应为（　　　）。

A．29　　　　B．30　　　　C．58　　　　D．59

生：通过阅读苏州码子相关的图文资料，再加上自己对古代计数文字的理解，我们尝试在苏州码子的基础上进行再创作和设计，用文字、图片等形式做了一期关于苏州码子的主题展板，完成了任务3.2。

师：在本次跨学科项目式学习中，我们一起从数学和历史的角度领略了中国古代数学的魅力。通过学习，我们认识到中国不仅拥有五千年的灿烂文化，而且中国古代数学的成就也是极其辉煌的。接下来希望通过努力，我们不仅能传承发展像苏州码子这样的古代数学文化传统，还能创造中国现代的数学辉煌。

特色点评

数学是人类文明的重要组成部分，数学课程应适当反映数学的历史、应用和发展趋势，帮助学生了解数学在人类文明发展中的作用，逐步形成正确的数学观。因此，本课例选取的主题内容苏州码子致力于抽绎传统文化中的数学元素，让学生思接千载、学融中西、博学多识，通过对苏州码子的探秘，从历史和数学的角度寻迹数的产生与发展历程，从美术的角度尝试在苏州码子的基础上进行再创作，设计创意字体，感受独具中国特色的数学文化。由于课例主题涉及数学、历史、美术等内容，为此需要采用跨学科的方式进行学习。

课例通过自主分析、查阅资料、合作交流、阅读自学、理解体验、动手创作等多元学习方式，使学生经历兴趣触动—数学理解—跨学科渗透—感受体会等过程，实现跨学科主题学习。

教师先运用与数学文化有关的知识内容，将学生的非数学学科知识与所学数学知识联系起来，激发学生的学习兴趣。再将"横向数学化"与"历史发生背景"相结合，让学生体验计数方式演化的过程，还原前人在面对同样问题时的思考，还原前人思考的丰富性、生动性和智慧性，帮助学生实现数学理解。之后建立数学与历史、美术、等领域及生活的紧密联系，实现跨学科渗透。随后让学生在"感受体会"中总结、创新、展示、留疑。

本次项目式学习的主题设计合理，以学科为本位，注重数学思想与方法的渗透；引导学生探究的任务梯度恰当，加上数学、历史与美术的渗透，学生的学习兴趣、参与度得到了充分的激发，师生、生生间平等交流，观点互为补充，真正实现了师生互动，凸显了学生的主体地位。

地球仪上的数学
——融合平面直角坐标系的教学实践①

15世纪末的"地理大发现"开启了人类全球化的探索。如今，随着交通、互联网、通信技术等的发展，全球视角已然成为人类生活的常规视角。全球意识是学生适应未来社会发展的必备品质，本课例让学生用数学的眼光观察地球仪，从空间上建立全球视角，在学生的心灵中播下全球化的种子，同时落实2022版课标"实施促进学生发展的教学活动"的理念，引导学生在真实情境中发现、提出问题，用数学的工具分析、解决问题。

> **课例名片**
>
> 👤 年　级：七年级下学期
> 📅 总课时：2课时
> 　　（课内1课时，课外1课时）
> 💻 学　科：数学、地理、劳动

主题分析

综合运用数学与地理、劳动等学科的知识和思想方法，通过项目式学习的方式，用点、线、面、角的视角探究地球仪的结构，用平面坐标的视角探究经纬网，探究球面上的位置以及不同位置之间的关系。项目以课外、课内相结合的方式展开。项目以活动育人，让学生在活动中提升抽象能力、几何直观和运算能力，强化空间观念、模型观念、应用意识和创新意识。

（一）课程标准要求

本主题从点、线、面、角和平面直角坐标系的视角探究地球仪，让学生从自主制作的地球仪实物中抽象出几何体、平面、直线和点等概念，理解经纬网、经度与纬度的意义，理解经纬网与平面直角坐标系的关系；能度量和表达

---

① 设计与执教者：闫耀明（湖北省武汉市第一初级中学）。修改与点评者：周远方、胡红芳（湖北省武汉市江汉区教育局教研培训中心）。

两点间的距离。同时，在平面上，能建立适当的平面直角坐标系，并用其描述物体的位置，运用方位角和距离刻画两个物体的相对位置。

学业要求部分，强调在具体的现实情境中，让学生学会从几何的角度出发发现问题和提出问题，经历通过动手实验分析问题和解决问题的过程，培养应用意识和创新意识，提升几何直观、空间观念、抽象能力、运算能力和推理能力等。

教学提示部分，强调培养学生初步的抽象能力、更加理性的几何直观和空间想象力。强调引导学生经历借助平面直角坐标系解决实际问题的过程，感悟数形结合的意义，发展推理能力和运算能力，增强应用意识和创新意识。

（二）核心素养表现

1. 抽象能力的具体行为表现。学生通过抽象地球表面区域分布之间的数量关系与空间形式，得到数学研究的对象，从数学的视角探究地理学科的东经、西经、南纬、北纬、赤道、回归线、极圈等概念。感悟用数学的眼光观察现实世界的意义，形成数学想象力。

2. 几何直观的具体行为表现。学生利用特殊的经线和纬线将地球表面进行分类。通过经纬网建立形与数的联系，构建直观模型。利用图表分析地球表面特殊的位置情况，以及不同位置之间的关系。

3. 空间观念的具体行为表现。学生通过自制简易地球仪，认识地球仪的结构。想象并表达地球表面特定事物的空间方位和相互之间的位置关系。

4. 模型观念的具体行为表现。地球仪是地球的模型，通过对地球仪的探究，运用模型分析地球表面的实际情况，助力学生模型观念的养成。

5. 运算能力的具体行为表现。学生通过测量、绘制经纬度，理解经纬度的计算本质是等分经线或纬线。通过测量角度、实验和运算验证猜想，促进推理能力的发展。通过经纬度的计算，确定球面上点的位置和位置之间的关系，养成严谨求实的科学态度。

6. 应用意识和创新意识的具体行为表现。学生学习平面直角坐标系的相关知识，并将这些知识运用于探究地球仪的实际问题，其中探究经纬网的过程对学生的空间想象力要求较高；学生自己动手制作简易地球仪，开展小组合作交流，勇于质疑与发问：这些都有利于培养学生的应用意识和创新意识。

（三）项目内容分析

学生在七年级上学期已经完成了地理学科中"地球与地图"相关知识的学习，在数学"几何图形初步"一章的学习中建立了初步的点、线、面、体的空间观念，通过劳动课程的学习具备了一定的手工技能。在下学期，学习了"相交线与平行线"，形成了垂直、平行及方位角等概念。在学习"平面直角坐标系"一章后，学生具备了用数学的眼光观察、探究地球仪的数学基础。因此，此时学习本主题的时机已成熟。

学生完成"地球仪上的数学"项目式学习，要在"地球与地图"的知识基础上，先动手操作，自制简易地球仪，绘制经纬网，用数学的眼光探究地球仪的结构和经纬网的特征，从空间的视角发现和提出问题，并利用经纬网分析和解决问题。在地理学科中，地球仪和经纬网的学习对七年级学生来说是有难度的，但经纬网的本质是数学中有序数对的一种运用，从数学的视角探究地球仪，可以让学生更深刻地理解地球仪的结构和经纬网的特征。（学习结构图见下图）

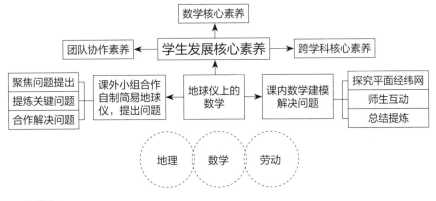

项目说明

（一）核心问题

基于以上分析，本项目需要解决的核心问题是：如何用数学的眼光探究地球仪的结构，了解经纬网在全球定位中的作用？

（二）项目目标

1. 在跨学科情境活动中，经历制作简易地球仪的全过程，体验建立几何模型解决实际问题的一般方法，体会数学的跨学科应用价值，发展抽象能力和模型观念。

2. 在绘制经纬网的活动中，通过制作过程和对相关资料的查阅，发现和提出问题，并在自制模型中进行实践操作，分析和解决问题，发展数学关键能力。

3. 利用经纬网，经历收集、整理和分析相关资料与数据的基本过程，加深对经纬网等知识的理解，体会地理坐标的应用价值，发展几何直观、空间观念、应用意识和创新意识。

4. 经历用数学与其他学科知识解决问题的融合过程，了解经纬网在全球定位中的作用，播下全球视角的种子；通过小组合作的形式解决困难、完成任务，增强团队合作意识和人际交往能力。

（三）实施策略

"地球仪上的数学"项目式学习除课前布置任务外，主要分两个课时完成。第一课时为课外课时，学生以小组为单位自主设计和制作简易地球仪，了解地球仪的结构；通过绘制经纬网，从数学的视角探究操作过程，发现和提出问题，并借用地球仪，通过实验，分析和解决问题。第二课时为课内课时，师生一起将球面平面化，用数学的视角探究经纬网，解决问题。

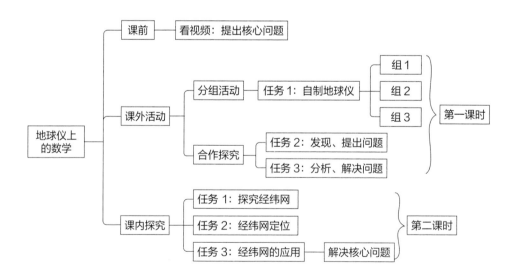

课堂实录

课 前

师生活动： 教师利用活动拓展课来播放视频——2021年9月13日，多家平台预测14号台风"灿都"路径失误。追问：我们是怎么跟踪"灿都"的移动路径的？

师：我们上学期在地理课上学习了"地球和地球仪"，知道地球仪是地球的模型，了解了地球仪的主要用途，并通过制作简易地球仪，感知了地球仪的基本结构，知道了经线与纬线、经度与纬度的划分，掌握了经纬网的构成。这些知识是我们跟踪"灿都"的移动路径的必备基础知识。现在，我们将用数学的视角，结合以上知识，再次探究地球仪。

师：请大家利用课余时间，自主查阅相关文献，以小组为单位，分工合作，每组设计和制作一个简易地球仪。这次我们要在数学的视角下制作地球仪，通过制作地球仪来探究地球仪上点、线、面及角的关系，了解经纬网在全球定位中的作用。

学习支架

教师自制视频导入。

学习评价

学生观看视频后，对"地球仪上的数学"项目式学习表现出较大的学习热情和探究欲望，愿意接触新鲜事物，并期待后续研究。另外，家长反馈学生在家查阅资料的积极性很高。

第一课时：课外活动

任务1：制作简易地球仪

将全班分为三个小组，在地理教师和劳动教师的指导下，制作简易地球仪。各小组制作过程如下。

【组1】

（一）材料准备

糨糊1瓶，篮球1个（作为辅助），医用胶布（透明胶带）1卷，裁纸刀1把，报纸20张，A3白纸2张，彩笔若干。

（二）制作步骤

1. 做球形纸壳

把报纸撕成碎片，一部分用水浸泡后紧贴在篮球上，贴满3层后往报纸上抹糨糊，然后将干报纸贴在上面，一层一层贴，每层都涂抹糨糊。把球晾干后再贴，一共贴30层，之后将球彻底晾干。当球外壳非常坚硬时，用裁纸刀割开外壳，把它从球上取下来。（见下图）

2. 粘纸

将取下来的纸壳用医用胶布或透明胶带按原来的接口封好。再在接口处粘几层报纸，遮住胶布和封口，最后粘上两层白纸。（见下图）

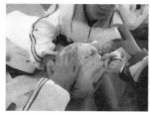

3. 绘制经纬线（见右图）

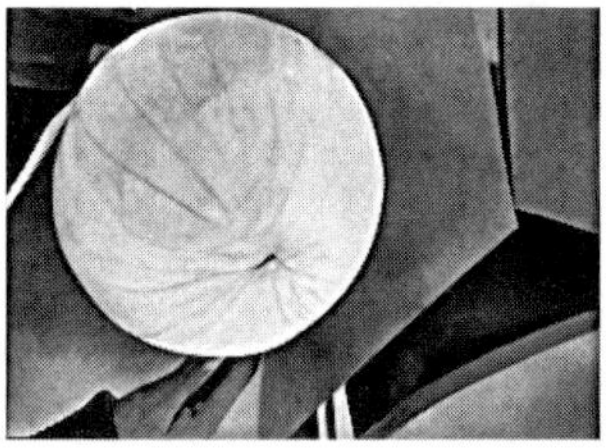

（1）确定南北极，将球体放在水平桌面上，将硬纸板水平放在球体上，球体与桌面及硬纸板的接触点分别就是南极点和北极点。

（2）绘制0°和180°经线。先确定0°经线，可以用一根细线连接南北两极，绕球体一周，用笔沿细线画一个圆，将其中一段半圆弧线确定为0°经线，这样另一段半圆弧线就是180°经线，标明度数啊。

（3）确定赤道。用一根细线连接南北极点，将细线取下并找到其中点，做好标记后再用细线连接两个极点，把细线的中点画在球体上。固定细线两端，转动细线，在球体上画出细线中点的转动痕迹，将痕迹连接起来形成的圆就是赤道所在的平面。

（4）绘制其他经线并标示度数。0°和180°经线把赤道拆分成相等的两段，将这两段分成四等份，从0°经线向东依次标出45°E、90°E、135°E，从0°经线向西依次标出45°W、90°W、135°W。

（5）绘出其他纬线并标示度数。赤道把每条经线等分成南北两部分：将北半球的每条经线等分成三段，将对应等分点分别连起来就形成两个圆，分别标示为30°N、60°N；将南半球的每条经线等分成三段，将对应等分点分别连起来也形成两个圆，分别标示为30°S、60°S。

4. 绘图

根据经纬网确定大洲、大洋的位置，然后绘出大洲、大洋轮廓。在绘制好的大洲、大洋轮廓图上涂色。

5. 固定

给地球仪做一个支架。地球仪的极轴与托座平面的夹角为66.5°（见右图）。

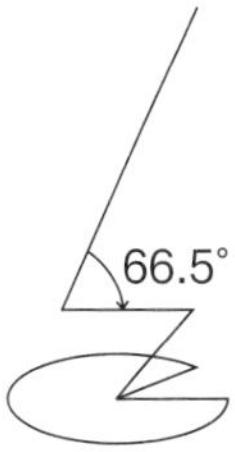

【组2】

（一）材料准备

包塑手工铁丝1.2 mm、3.2 mm粗细的各1捆，8寸钢丝钳1个，剪刀1把，圆规1个，套尺1套，卡纸1张，透明胶带7卷。

（二）制作步骤

1. 做经线、纬线

用圆规在卡纸上画出半径为12.5 cm的圆，用钢丝钳剪取一段3.2 mm粗细的铁丝，按照画出的圆，将铁丝弯成同样的形状（见下面左图）。用剪刀剪取1.2 mm粗细的铁丝，对弯出的圆的接口处进行固定（见下面右图）。制作地球仪框架至少需要三个大小相等的圆，两个做经线，一个做赤道。

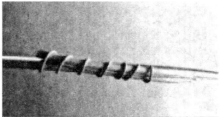

2. 做框架

先将其中两个圆重叠放置，用笔在某一位置做标记，在其对称位置也做标记；然后用剪刀剪取一小段1.2 mm粗细的铁丝，将两处标记点固定。再将其中一个圆旋转90°，然后固定标记处。固定好两个圆后，将第三个圆垂直于两个圆放置，调整位置，最终使三个圆互相平分。（见右图）

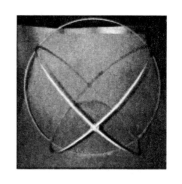

3. 定地心、赤道

剪取三段1.2 mm粗细的铁丝，将对称的两个交点连接起来，三段铁丝的交点即为地心。（见下页左图）剪取一段3.2 mm粗细的铁丝，做一个较小的圆，将其平行于其中的一个大圆，并固定在其他两个圆上。与小圆平行的大圆代表赤道，其他两个大圆代表经线。（见下页右图）

【组3】

（一）材料准备

白色泡沫球1个，铁丝1段，橡皮泥1包，水彩笔1套，弹性系数极小的细线1根，透明胶带1卷。

（二）制作步骤

1. 绘制经纬网

（1）绘制纬线。一般工厂在生产泡沫球时球体中间都有一道接缝，将该接缝作为赤道，用彩笔画出，并标注"赤道"和"0°"，取弹性系数极小的细线量出球体上赤道的周长，取赤道等长细线的一半，找到该段细线的中点，使该段细线与赤道相交于细线的中点且细线与赤道垂直，该段细线两端与球面的交点为南北两极极点，并用彩笔标出：其中一个点为北极点，标定 90°N；另一个点为南极点，标定90°S。再取与球体上赤道等长细线的$\frac{1}{4}$，将其9等分（相邻两个点之间的纬度差为10°），并标出8个等分点，将该段细线的一个端点（看作第1个点）放在球体赤道上，另一个端点（看作第 10 个点）与北极点重合，该段细线与球面紧贴。沿着该段细线，从球体上的赤道往北找到第3、5、7、9个点，并在球体上画出对应点，过第3、5、7、9个点平行于赤道绘制并标注出20°N、40°N、60°N和80°N纬线，同理绘制和标注20°S、40°S、60°S和80°S纬线。在此基础上用虚线画出南、北回归线（分别为23.5°S和23.5°N）和

南、北极圈（分别为66.5°S、66.5°N）。（见下面左图）

（2）绘制经线。首先确定0°经线，取弹性系数极小的细线连接南、北两极，绕球体一周，用彩笔沿细线画一个圆，确定其中一条为0°经线，另一条就是180°经线，并在球体上标出经度。0°和180°经线把赤道分成两等份，再将这两等份分别分为6等份，每个等分段占30°个经度，在球体赤道上标注等分点，连接南北两极和每个等分点且垂直于赤道画出经线。从0°经线起向东依次标出30°E、60°E、90°E、120°E……。用同样的方法画出西经度的经线并标注度数。（见下面右图）

2. 做托座

用圆规在南极、北极各钻一个小孔，然后将铁丝从球体的小孔中穿过。在南、北两极，用透明胶带将球体固定在铁丝上，防止球体沿铁丝上下滑动，但要确保球体能自由旋转。将铁丝弯曲成托座形状（铁丝与水平面的夹角为66.5°），然后将从北极方向延伸出的铁丝弯曲成半圆，固定在南极以下，最下面包裹上橡皮泥，以便地球仪能够平稳地立于桌面上。（见右图）

学习支架

　　根据每个小组列出的材料清单，给学生提供所需材料和进行手工制作的场地，请劳动教师到现场做手工技术及安全操作指导。

学习评价

　　组1利用废报纸自制地球仪，制作过程完备，学生充分发挥了小组学习的优势，积极分工合作。学生思维活跃，动手能力强，合作意识强。组2只制作了地球仪的主体框架，但设计很有创意，操作简单，成本较低，成品拆卸简单，便于携带，还可以根据不同的需要进一步制作。组3精准地画出了经纬网，学生在制作经纬网的过程中，对纬线和经线的分布理解深刻，在制作托座的过程中，精准考虑了极轴的倾斜角度。

任务2：小组之间互相交流，发现和提出问题

师生活动：学生通过小组之间的交流，提出许多地球仪中蕴含的数学问题。

生：我们发现，在画经纬网的过程中，经度、纬度的确定是用等分线段的方法。以画北纬线为例，其本质是将球体的最大圆的$\frac{1}{4}$圆弧九等分。查阅资料后发现，纬度的定义是球面上一点与球心的连线与赤道面夹角的度数。于是，我们就有了如下发现和猜想。

如下页左图所示，点O是球心，A是北极点，B是赤道上一点，$\overset{\frown}{AB}$为半条经线，C_1、C_2等8个点是$\overset{\frown}{AB}$上的点（统称点C）。由纬度的定义知，点C的纬度是$\angle BOC$的度数。按我们画纬线的方法，C的纬度是由$\overset{\frown}{AB}$等分得来的。结合画法和定义，我们发现，$\overset{\frown}{BC_1}=\frac{1}{9}\overset{\frown}{AB}$，$\angle BOC_1=10°=\frac{1}{9}\times90°$，$\overset{\frown}{BC_2}=\frac{2}{9}\overset{\frown}{AB}$，$\angle BOC_2=20°=\frac{2}{9}\times90°$，$\overset{\frown}{BC_3}=\frac{3}{9}\overset{\frown}{AB}$，$\angle BOC_3=30°=\frac{3}{9}\times90°$，……。

于是我们猜想：如下页右图所示，球面上任一点C，若$\overset{\frown}{BC}=\frac{n}{m}\overset{\frown}{AB}$，则$\angle BOC=\frac{n}{m}\times90°$，即$C$点的纬度就是$\frac{n}{m}\times90°$。

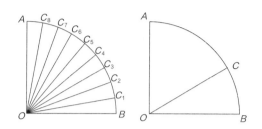

学习支架

学生自制的地球仪、在互联网上查阅到的资料。

学习评价

　　学生通过地理课程的学习，知道了画经纬网的方法。在本项目式学习中，学生通过动手操作，合作交流，站在数学的视角进行探究，对已知的操作流程做深入的思考，比较纬度的定义和画纬线的方法，发现其中的数学关联，提出猜想。

任务3：利用自制地球仪，通过实验，分析和解决问题

　　师：同学们积极思考，提出了很好的猜想。这个猜想涉及圆的有关知识，我们在九年级学习了圆之后，可以对我们的猜想有一个严谨的论证。那么，现在，我们怎么说明这个猜想的合理性呢？

　　学生通过合作交流，提出用实验的方法说明猜想的合理性。于是便用组2制作的地球仪做实验，操作步骤如下。

　　1. 取1.2 mm粗细的铁丝一根，一端接在地心O，另一端接在经线上交于点C。（见右图）

　　2. 用量角器测量这根铁丝OC与赤道半径OB的夹角$\angle BOC$的度数，记为α。

　　3. 取1.2 mm粗细的铁丝一根，将铁丝弯成$\overset{\frown}{AB}$的形状，标示点C的位置。

　　4. 拉直铁丝（见右图线段AB），测量线段AB和CB的长，分别记为m，n。

　　5. 计算$\dfrac{n}{m}\times 90°$的值。

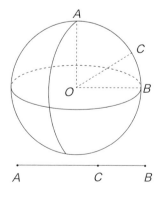

6. 比较 α 与 $\dfrac{n}{m} \times 90°$ 的大小。

改变点 C 的位置，重复以上过程。

通过多次实验，发现猜想是合理的。

师：很好，我们用实验验证了猜想的合理性，但我们仍然称其为猜想，因为数学的结论需要经过严谨的论证。我们将在九年级完成这个论证，有兴趣的学生可以自己查阅相关资料进行研究。

学习支架

　　学生自制的地球仪，以及测量角度和长度的工具。

学习评价

　　学生在教师的引导下，通过多次实验，验证了猜想的合理性，在动手操作的过程中，加入了理性的思考，发展了科学精神。实验过程中，学生分工合作，效率很高。

第二课时：探究经纬网

任务1：用数学的视角探究经纬网——平面经纬网

　　师：如下图所示，我们将赤道经度180°处的点断开，将赤道所在的圆环拉成一条线段，在线段上把一些点的经度标示出来。以线段的中点为0°，右边从小到大依次标示东经，从0°到180°；左边从小到大依次标示西经，从0°到180°。

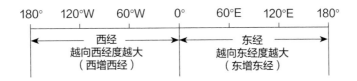

　　师：这条线段类似于我们数学中的什么？

　　生：数轴。0°处相当于原点，东经在正半轴，西经在负半轴。

　　师：如果用正、负数表示，60°E可以记作什么？120°W呢？

生：+60°，−120°。

师：如下面左图所示，我们用类似的方法将本初子午线直线化。

学生自主探索，将北极点、南极点上下拉，把本初子午线拉成线段。

师：类似地，我们将其他经线和纬线直线化，可以得到平面经纬网。此经纬网类似于我们的平面直角坐标系，球面上每一个点的地理坐标类似于平面直角坐标系中的坐标。标记E、S、W、N，使度数变得有方向和顺序，相当于平面直角坐标系中坐标的正负和有序。（见下面右图）

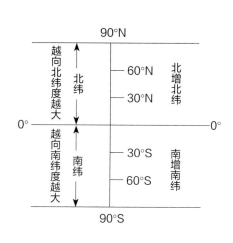

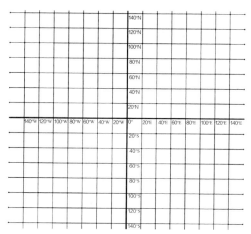

学习支架

几何画板可以画平面经纬网，学生自制地球仪可以帮学生理解经纬网平面化的过程。

学习评价

学生在教师的引导下将赤道、本初子午线直线化，类比平面直角坐标系理解地理坐标与有序数对之间的关系。几何画板和学生自制的地球仪都有利于发展学生的空间想象能力。

任务2：经纬网定位

师：下面我们通过经纬网定位解答几个问题。

【问题1】　读出下图半球中A、C两点的经纬度。

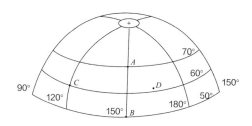

解析：解此题需分三步。第一步，在图中辨认纬线（度）和经线（度）。根据"横纬竖经"知道横线是纬线，标在纬线上的50°、60°和70°是纬度；竖线是经线，标在经线上的90°、120°、150°和180°是经度。第二步，判别南北纬和东西经：从50°到60°再到70°，越往北数字越大，可判定为北纬；从90°到120°再到150°，越往东数字越大，可判定为东经，而180°以东的150°则是西经。第三步，综合上述信息得出两点经纬度，分别为A（70°N，150°E），C（60°N，120°E）。

【问题2】　如下页图所示，左侧地球仪上点B在右侧平面经纬网中如此显示。请读出点B的经纬度，并在平面经纬网中标出点A的位置。

解析：从平面经纬网中可以读出点B的经纬度为15°N、135°E，点A的经纬度为15°S、165°E。

学习支架

学生自制地球仪可以帮学生进行空间想象。

学习评价

教师提出问题后，学生能够借助自制地球仪的体验，通过完成本节课任务1积累的经验，经过独立思考和小组合作交流，比较轻松地解答问题。经过在地球仪和平面经纬网之间来回转换，学生的空间想象力得到很好的发展。

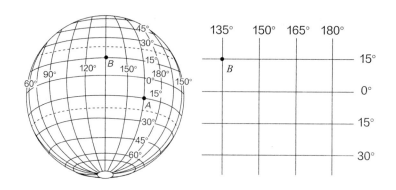

任务3：阅读与观察资料，深化经纬网应用

师生活动：师生一起阅读以下材料，观察气象图（图略）。

央视网消息：中央气象台2021年9月11日06时继续发布台风蓝色预警。今年第14号台风"灿都"（超强台风级）的中心今天（11日）早晨5点钟位于我国台湾省宜兰县偏南方大约530公里的巴士海峡内，就是北纬19.9°、东经122.1°。中心附近最大风力有17级以上（62米/秒），中心最低气压为915百帕，七级风圈半径220～300公里，十级风圈半径130～150公里，十二级风圈半径70公里。

预计，"灿都"将以每小时15公里左右的速度向偏北方向移动，强度缓慢减弱，12日下午到傍晚将登陆或擦过台湾岛东北部一带沿海（48~55米/秒，15~16级，强台风级或超强台风级），12日晚上移入东海南部海面，然后向浙江东北部一带沿海靠近。

师：从中我们可以发现，气象部门就是用平面经纬网给"灿都"的路径定位。在今后的学习中，我们将在此基础上，用更多的数学工具来刻画台风的移动路径，计算它的运动轨迹，预测它的动向。

学习支架

给学生提供从互联网查阅的相关资料。

学习评价

通过阅读材料和观察气象图，学生感悟到平面经纬网的应用。教师提出在后面的学习中将使用更多的数学工具描述问题，为函数的教学埋下了伏笔，学生的求知欲也得到了极大的激发。

特色点评 ....

"地球仪上的数学"项目式学习综合运用数学与地理、劳动等学科知识和思想方法，解决了地球仪上的相关问题，让学生感受到数学与现实世界、数学与其他学科的关联，积累了数学活动经验，体会了数学的跨学科应用价值，发展了应用意识、模型观念和自主学习能力。在自制地球仪的过程中，学生通过实践和查阅相关资料，发现和提出问题，并提出猜想，通过实验验证猜想，培养了科学态度和理性精神。这都促进了学生综合素质和核心素养的提升，体现了立德树人的根本任务。

1. 重视学生动手操作，有效激发学生的研究兴趣

教师在项目式学习中设计了一节课外活动，让学生小组合作自制简易地球仪，此活动与七年级上学期地理学科中自制地球仪的活动要求不同，学生要用数学的视角探究地球仪的制作过程。

学生在小组活动中各尽所能，通力合作，顺利完成了制作过程，进一步激发了研究的兴趣，增强了对数学有关知识的理解。

2. 重视跨学科融合，有效发挥育人功能

该项目活动采用数学与地理、劳动的跨学科融合教学，启发学生从数学的角度发现、思考和解决地球仪的结构、经纬网定位等问题，促进学生对数学学科的理解，以及对其他相关学科知识的获得，实现跨学科知识的整合，有效提高了学生应用知识的能力，促进了数学学科育人方式和学生学习方式的变革。该课例的学科融合主要体现在以下两个方面。

（1）在自制地球仪的过程中，用数学的视角探究制作过程，是跨学科主题学习的一次创新尝试。

学生分三个小组，自主设计制作地球仪。然后通过小组之间互相交流，查阅相关资料，发现和提出问题，并通过实验验证猜想。教师点明在更高学段会学到严谨的证明。这培养了学生的科学态度和理性精神，也促进了学生学习的进阶和连续。

（2）在课内互动的过程中，师生用数学的知识探究地理知识，用数学的空间想象理解地理坐标，进一步提升了学生跨学科知识的融合。

经纬网是学生在七年级上学期地理学科中学过的知识,现在教师把它放在数学平面直角坐标系的视角下让学生进行探究,学生可以抓住问题的本质,理解得更深刻,体会不同学科用不同的符号描述同样的事物,感悟学科思想的智慧。

平面图形设计

——融合几何图形变换的教学实践[①]

本课例综合运用数学、艺术、劳动、物理、信息科技等学科的知识和思想方法，以"玩转七巧板"为线索，探究"平面图形设计"。项目引导学生利用观察、猜想、实验、验证、推理、数据分析、直观想象等方法发现图形中的规律并进行创意设计，鼓励学生发现和提出问题，运用几何直观和空间观念分析、解决问题。项目以活动育人，在活动中提升学生的抽象能力、推理能力，强化学生的数据观念、模型观念、应用意识和创新意识。

> **课例名片**
>
> 👤 年　级：八年级上学期
> 📅 总课时：3课时
> 🖥 学　科：数学、艺术、
> 　　　　　劳动、物理、信息科技

主题分析

七巧板蕴含着深厚的数学文化，是学生熟悉的益智玩具。借助七巧板拼图，能让学生直观、形象地感受图形美和变换美，发展学生的思维品质和动手能力；通过手工制作、设计七巧板拼图，整合劳动教育的知识和技能；通过七巧板探究平面镜成像，融合物理知识；借助绘图软件进行平面图形设计，凸显了信息科技与数学相关知识的综合运用。

（一）课程标准要求

2022版课标在"图形与几何"的教学提示部分强调，"要组织学生经历图形分析与比较的过程"。"平面图形设计"项目式学习，让学生经历借助图形

---

① 设计与执教者：曹宝（湖北省武汉经济技术开发区教育局教研部）。修改与点评者：周远方、肖文记。

分析问题、形成解决问题思路的过程，发展模型观念，学会用数学的语言表达现实世界；在直观理解和掌握图形与几何基本事实的基础上，经历得出和验证数学结论的过程，形成几何直观和推理能力，发展空间观念和空间想象力。

（二）核心素养表现

1. 几何直观的具体行为表现。学生在用七巧板进行平面图形设计的活动中，感知各种几何图形的组合与变换，用精准的语言描述新图形，促进几何直观的发展。

2. 空间观念的具体行为表现。活动中学生根据物体特征抽象出几何图形，想象并表达物体的空间方位和相互之间的位置关系，有助于形成空间想象力。

3. 推理能力的具体行为表现。学生利用观察、猜想、实验、验证、数据分析、直观想象等方法进行探究，初步掌握推理的基本形式和规则，形成实事求是的科学态度与理性精神。

4. 应用意识和创新意识的具体行为表现。学生将几何知识应用于平面图形设计，体会数学与生活的联系，在跨学科主题学习中体会不同学科之间的融合，增强应用意识和创新意识。

（三）项目内容分析

从知识上看，学生已经学习了全等三角形的相关知识，认识了图形的平移、旋转和对称变换，逐步形成了空间观念和几何直观；从能力上看，八年级的学生能够从多学科视角理解世界、解决问题；从学习方法上看，小组分工合作、协调交流，教师适时引导，可以让学生经历知识的关联与整合，加强同伴的沟通与协作。如下页结构图所示，本项目式学习内容丰富，可以分为课内、课外两部分实施。课内主要是学生在教师的引导下，通过平面图形设计提升抽象能力和推理能力，增强模型观念、应用意识和创新意识；课外主要是学生查找资料、对信息科技相关知识进行拓展应用。

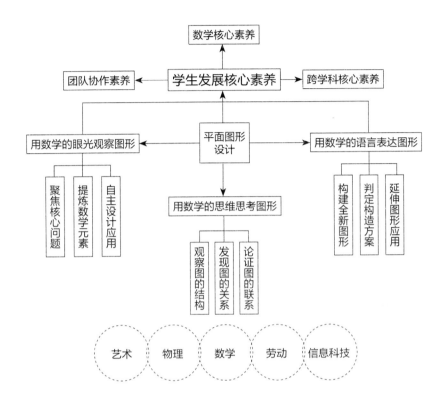

（一）核心问题

学生在本项目式学习中要解决的核心问题是：在认识七巧板文化、艺术价值的基础上，能探究发现七巧板中的数量关系，并融合多学科知识，充分利用几何图形变换，创意设计平面图形。

（二）项目目标

1. 在跨学科情境活动中，感悟数学与其他学科的融合、数与形的联系，会用数学思维思考现实世界。

2. 在课题选题、开题和做题的研究活动中，经历观察、实践、设计、论证的过程，会用准确的语言描述研究对象的特征，提升抽象概括能力，会用数学的眼光观察现实世界。

3. 在课题结题的展示活动中，经历从实际问题中建立数学模型、验证反思和交流表达的探究过程，积累数学建模经验，发展抽象能力、推理能力和运算能力。

4. 在整个项目式学习活动中，经历针对图形性质、关系、变换确立几何命题的过程，感悟数学表达的准确性和严谨性，增强模型观念，会用数学的语言表达现实世界。

（三）实施策略

"平面图形设计"项目式学习除课前布置任务外，主要分三个课时完成。首先，学生在教师的引导下完成选题，并以开题报告表的形式完成开题；接着，根据开题报告表中拟定的研究方法与步骤，分三个板块展开探究与论证；最后，学生展示研究成果并相互评价，课题结题。该项目实施流程如下图所示。

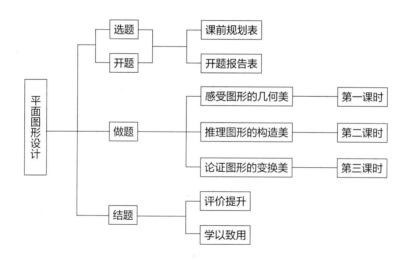

（四）学习资源

本项目基于教材开发，力求与学生产生情感共鸣，激发学生学习潜能，调动学生学习积极性，最大限度地培养学生的核心素养，而不仅仅是单一的学科素养。

为了有效实现项目目标，教师可预先指导学生学习使用相关图形软件，以帮助学生更有效地进行跨学科学习；准备七巧板以及便于裁剪的纸板、剪刀；

提供探究光路的点光源、平面镜等光学教具，构建跨学科主题学习的多元化学习资源。

课堂实录

课前：导入任务

师生活动： 教师给出课题及任务，引导学生查阅资料，动手制作七巧板。

师：同学们，我们将进行"平面图形设计"的项目式学习，请大家利用课余时间自主查阅资料，完成课前任务单上的两项任务。（见下图）

课前任务单

任务1：了解七巧板的来历。

任务2：七巧板可以拼成人物、动物、植物、字母、数字、建筑物等各种形象，请你根据自己的兴趣收集其中两类拼图进行展示和汇报。

学习支架

教师为全体学生发放课前任务单。

学习评价

学生知道要研究七巧板，有极大的热情和意愿去查阅资料和动手拼图。

第一课时：重玩传统七巧板

任务1：了解七巧板的历史和相关知识

师生活动： 观看视频《七巧板的来历》，帮助学生了解七巧板的相关知识，增强文化自信，激起探究欲望。

师：同学们，七巧板是古代中国劳动人民的发明，并在18世纪流传到了国外，英国剑桥大学的图书馆里还珍藏着一部《七巧新谱》。今天我们重玩七巧板，首先一起观看一段视频，然后大家展示收集的成果。

生：例如数字类、人物类、动物类等。（见下图）

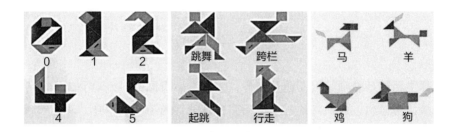

学习支架

　　教师播放视频《七巧板的来历》进行导入，学生进行成果收集展示。

学习评价

　　学生观看视频和展示成果，激发了民族自豪感和学习热情。

任务2：用绘图软件拼出寓言故事

师生活动：引导学生用多套七巧板，充分发挥想象力，利用绘图软件进行创意图形设计，演绎寓言故事。

师：你们能通过小组合作，用多套七巧板将一些寓言故事演绎出来吗？

学生演绎了"龟兔赛跑""守株待兔"等故事。（见下图）

任务3：探究七巧板中的几何元素

师生活动：引导学生探究七巧板中的"形"与"数"，认识其中存在的数量关联，逐步由定性感知过渡到定量分析，理解拼图过程中的几何图形变换，增强几何直观意识。

　　师：为什么仅用七块板子，就可以拼成1600多种形象各异的图形？

　　生：七巧板中有三角形、正方形、平行四边形等基本几何图形，而生活中就存在很多这样的图形；七巧板中有成整数倍的边或角，容易拼接。

　　师：七巧板中共有五个三角形，其中有没有全等三角形呢？

　　生：有两对全等三角形，即两个大等腰直角三角形和两个小等腰直角三角形。（教师可引出等腰直角三角形概念，并根据面积大小界定出大等腰直角三角形、中等腰直角三角形和小等腰直角三角形。）

　　师：能否选择两块板子，拼成一个与七巧板中的某单个图形全等的图形呢？

　　生：可以选择两块小等腰直角三角形，拼出正方形、平行四边形或等腰直角三角形，在七巧板中都可找到一个图形与之全等。（见下图）

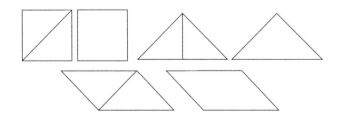

　　师：如果选择三块或三块以上的板子，还可以拼出与某单个或组合图形全

等的图形吗?

生:可以。(见下图)

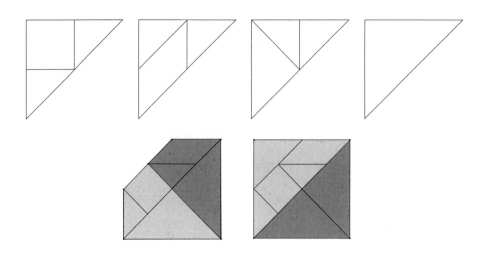

师:若一套七巧板中正方形的面积为1(平方单位),请大家通过拼图,探究其他板子的面积、边长和角度。

生:若小正方形的面积为1,那么可以得到——

(1)七块板子每块的面积如右图所示,七块板子拼成的正方形面积为8。

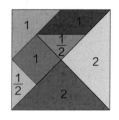

(2)七块板子共23条边,有1、$\sqrt{2}$、2、$2\sqrt{2}$四种长度,其中长度为1的边10条,长度为$\sqrt{2}$的边6条,长度为2的边5条,长度为$2\sqrt{2}$的边2条。

(3)每块板子角的度数共有45°、90°、135°三类。

师:概括得很精准!正是七巧板中的"数"和"形",成就了它的多姿多彩。

学习支架

用观察、对比、拼图等方法,得到面积、边、角的相关数据。

学习评价

学生通过图形设计,且利用面积得到某些线段长为无理数,感受到七巧板不仅可以拼成美丽的图案,其中也蕴含着丰富的数学知识。

任务4：拼出指定面积的正方形

师生活动： 探讨拼出面积为4的正方形的多种情况，分析不能拼出面积为3、5、6、7的正方形的原因，通过动手、动脑，培养学生的几何直观、空间想象能力。

师：如下图所示，利用七巧板拼出了面积分别为1、2、8的正方形。那么，利用七巧板还可以拼出其他面积的正方形吗？拼的方法唯一吗？（小组交流讨论。）

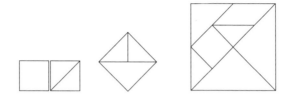

生：可以拼出面积为4的正方形，共有5种拼法。（见下图）

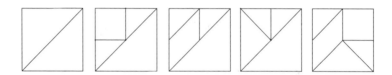

师：能拼出面积为3、5、6、7的正方形吗？（学生小组讨论，教师引导思考。）

生：不能拼出，因为七巧板中板子的边长只有1、$\sqrt{2}$、$2\sqrt{2}$四种长度，而面积为3、5、6、7的正方形边长应为$\sqrt{3}$、$\sqrt{5}$、$\sqrt{6}$、$\sqrt{7}$，这些长度和板子的边长不符合。

师：观察发现，拼出的正方形中，使用七巧板的块数可以为1、2、3、4、5、7，那么能否用六块板子拼出一个正方形呢？

生：因为七块板子的总面积为8，每块板子的面积可能为$\frac{1}{2}$、1、2。如用六块板子能拼出正方形，得到的正方形面积就只可能为$7\frac{1}{2}$、7或6，这些正方形的边长与七巧板的各边长都不符合。

师：通过数量上的分析，我们知道了拼图成功与否的原因，进一步理解了数与形的关系。

任务5：拼成三个正方形

师生活动：尝试选择六块板子拼成三个两两相接的正方形，进行图形设计。

师：虽然用六块板子不能拼出一个正方形，但是爱动脑筋的小巧同学选用六块板子，拼出了两两共顶点的三个正方形（见右图）。他设计的图案被投票选定为班徽，你能"见影排形"，拼出小巧设计的班徽吗？

学生展示图形。

师：大家进行了探索和创意设计，在图形设计过程中体验了几何图形变换和图形美。

第二课时：试玩自创七巧板

任务1：自创一个七巧板

师生活动：让学生通过折纸、剪裁等操作制作七巧板，体验生活中的几何，增强劳动意识，提升动手能力。

师：现有一个等腰直角三角形纸板，请通过折纸分别得到底边和一条直角边上的中线。

学生展示实现过程。

师：根据刚才的信息画出平面图形。继续用折纸的方法，折出$CF \perp AE$于H，交AB于F。

学生操作展示，得到点H和点F，如下图所示。

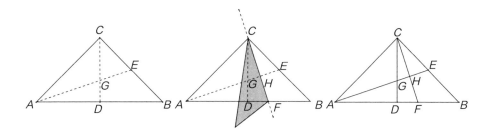

师：连接EF，发现三角形被分成了7个部分，请同学们分别将这7个部分标记为1~7，然后沿线剪开，这样就得到我们自创的七巧板。

学生完成操作，如下图所示。

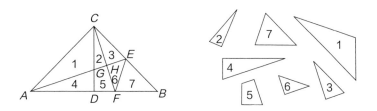

> **学习支架**
>
> 利用教师配发的三角形纸板，进行折叠和连线，沿线剪开得到自创的七巧板。

　　学生动手折纸、裁剪，制作出属于自己的七巧板，锻炼了劳动技能，激起了探究兴趣。

任务2：用自创七巧板拼出一个正方形

　　师生活动：用自创的七巧板拼出正方形。

　　师：传统七巧板的七个板子可以拼出一个大的正方形，你能用自己做出的七巧板拼出一个正方形吗？

　　生：这七个板子中2、3、4、6号板子是直角三角形，都有一个90°角；1、7号板子中有45°特殊角，而且我发现2、3号板子中有2个角的和是45°，1、4号板子中有2个角的和是45°，5号板子中有2个90°角。抓住了这些要素，结合图形的面积大小，就容易进行图形设计。（见下图）

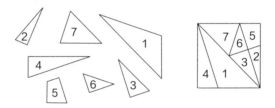

　　了解自创七巧板的结构特征，用自创七巧板拼出一个正方形。

　　这个环节对学生来讲挑战很大，学生抓住数量关系，运用空间想象、直观感觉来进行拼图。学生在动手实践中感受数学美，在拼图过程中不断寻找相等的角、相等的边，不断用平移、翻折、旋转的方式进行合理的图形变换。

任务3：寻找其中的全等三角形

师生活动： 让学生利用图形中隐含的等量关系，猜想全等三角形，发展由边、角元素联想三角形的"定形"能力；由单个三角形向组合三角形递进，由认识一个三角形到思考两个三角形的关联，提升识图、构图能力；根据已知灵活选用判定方法，巩固全等三角形判定定理的应用。

师：自创七巧板中有很多相等的线段和相等的角，那么七个板子中能找到全等三角形吗？

生：七块板子中有6个三角形，其中不存在全等三角形。

师：其实不止6个三角形，还有很多组合的三角形。你能找出图形中的全等三角形吗？

生：可以选择1号板、4号板拼成一个等腰直角三角形，此三角形与2、3、5、6、7号板子组成的等腰直角三角形全等，即 $\triangle ADC \cong \triangle BDC$，根据 HL、SAS、SSS、AAS 都可以证明。（见下面左图）

师：非常好！拼出了新的三角形，构造出全等三角形，灵活选用了证明方法。大家可以按照这个思路继续找下去。

生：可以选择1号板这个单个三角形，此三角形与3、6、7号板子拼成的三角形全等，即 $\triangle AGC \cong \triangle CFB$，根据 ASA 可以证明。（见下面右图）

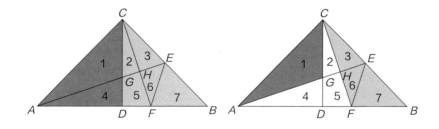

师：你们通过观察，猜想可能全等的三角形，再在图中寻找相等的角和相等的边来证明自己的猜想。在证明过程中，大家通过推理，寻找论证全等所需的条件，再运用定理来判定全等三角形。还可以找到其他全等三角形吗？

生：还可以选择4号板子这个单个三角形，此三角形与2、5号板子组成的直角三角形全等，即 $\triangle ADG \cong \triangle CDF$；2、3号板子组成的三角形和7号板子这

个单个三角形全等，即△CGE≌△BFE。这些全等都可以运用判定定理来证明。（见下图）

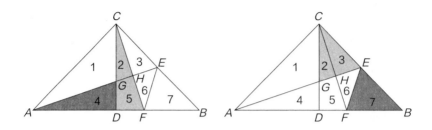

师：我们制作的七巧板中存在这4对全等三角形，其中△CGE≌△BFE，借助了△AGC≌△CFB提供的等边（CG=BF），由一次全等发展到两次全等。

学习支架

在组合而成的等腰直角三角形中，明确除6个单个三角形外，还有很多组合三角形；在△ABC中，找出图中的4对全等三角形，并进行推理论证。

学习评价

通过观察、猜想全等三角形，再寻找相等的边、角证明猜想，促进学生多角度观察和分析图形，提升了学生的推理能力。

第三课时：再玩自创七巧板

任务1：构造新的全等三角形

师生活动：用两套一样的七巧板，探究构造新的全等三角形，进一步增强学生图形变换的意识，提升学生构造全等三角形的能力，帮助学生理解全等三角形中的变与不变，提升图形设计的能力。

师：上节课我们自创了一套七巧板，寻找了其中的全等三角形。下面我们同桌两个同学为一组合作探究（共有两套自创七巧板）。请先将一套七巧板还原成等腰直角三角形（制作前的图形），然后从另一套七巧板中选择一块拼在此等腰直角三角形上。（见下图）探究能否构造出新的全等三角形（单个的三角形全等除外）。如能，共有几种方案呢？

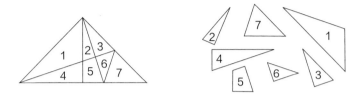

生：如下面左图所示，可以选择2号板，与原来的3、6、7号板拼成一个直角三角形，此三角形与原来1、2号板组成的三角形全等，根据*HL*、*SAS*、*SSS*、*AAS*都可以证明。

师：非常好！选择2号板拼出了新的三角形，很好地抓住了其中的等量关系，构造出新的全等三角形（$\triangle ACH \cong \triangle CBK$），并灵活选用了定理进行了证明。

生：将7号板拼在如下面右图所示的位置，两个7号三角形对称全等（$\triangle EFB \cong \triangle MFB$），并构造出一对新的全等三角形（$\triangle ACE \cong \triangle CBM$），可以用*SAS*来证明。

师：能否用你刚发现的两对全等三角形（$\triangle ACE \cong \triangle CBM$和$\triangle EFB \cong \triangle MFB$）去证明$\triangle CGE \cong \triangle BFE$？

学生展示证明过程，略。

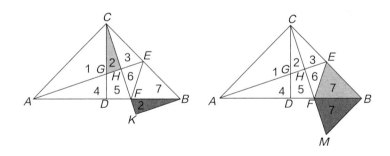

师：当我们证明出全等之后，得到了新的等量关系，又为新的全等奠定了基础，实际上出现了"助人为乐"的现象。目前，选择2、7号板都构造成功，还有没有其他方案呢？（学生继续探究。）

生：如下页图所示，可分别选择1、4、5号板子拼出全等三角形，并可证明。

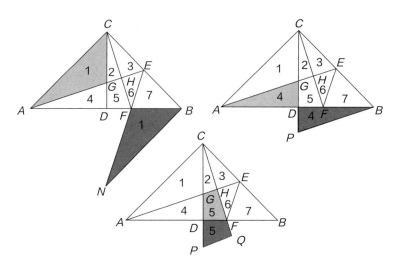

师：通过拼图，你能发现线段CF、EF、AE间的数量关系吗？

生：CF+EF=AE。（简述证明过程，略。）

师：从刚才大家的思考过程看到，后三对全等三角形不容易想到，这是什么原因呢？

生：选择1号构造的是斜着摆放的三角形，不易观察；选择4号构造的两个全等三角形有交叉重复的部分，有干扰因素；5号是个四边形，不容易构造三角形。

师：那同学们认为我们应该注意什么呢？

生：要打破思维定式，多角度观察图形，注重组合图形，提升图形感知能力；设计图形时，要抓住图形的内在关联。

学习支架

把握图形中的等量关系，运用已证明的全等三角形，探索构造新的全等三角形。

学习评价

学生几何图形变换的意识增强，识图、捕捉三角形的能力有了提高，几何直观素养得到了提升。

任务2：寻找光线路径

师生活动：融合数学知识研究物理中光的反射问题，实现跨学科学习；研究几何图形，找出满足条件的点、线、角用于图形设计，提升学生的推理能力。

师：如下图所示，在刚才研究的等腰直角三角形中，如果一条光线从F点出发且射向E点，经BC反射后，反射光线会经过A点吗？为什么？

生：会经过A点，由$\triangle CGE \cong \triangle BFE$得$\angle CEG = \angle BEF$，发现$\angle 1 = \angle 2$，即入射角等于反射角。

师：下面，我们通过物理实验验证一下。（请学生操作，在BC处放置一个垂直于$\triangle ABC$所在平面的平面镜，从F点处发出一条光线射向E点处，观察反射后的光线是否经过A点。）可见，数学作为基础学科，在其他学科中有普遍的应用。

学习支架

结合数学和物理知识，运用全等三角形的相关知识以及入射角和反射角相关性质，得出结论。

学习评价

学生借助数学知识解决光学问题，进行了跨学科学习。

任务3：设计创意图形

师生活动：类比传统七巧板的玩法，根据自创七巧板的特点，进行创意平面图形设计，充分激发学生的想象力、创造力，在增强学生空间想象、几何直观素养的同时，提升学生发现美、创造美的能力。

师：我们的自创七巧板能否像传统七巧板那样，拼出形象各异的图形呢？

请同学们运用我们的数学知识，发挥想象力，创作出你的作品。

生：可以。（展示字母、轮船、机关枪等图形，如下图所示。）

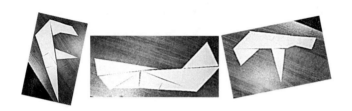

师：经过三个课时的学习，你有什么收获呢？

生：能从数和形的角度认识、玩转传统七巧板；借助七巧板蕴含的图形变换等几何知识，进行平面图形设计，构造出全等三角形；制作了属于自己的七巧板，设计了富有创意的图形。

师：是的。大家以七巧板为线索，融合了艺术、劳动、物理、信息科技等方面的知识，进行了跨学科学习和有深度的学习，收获了尝试探究和成功创作的体验。

学习支架

利用图形的边、角数量关系进行图形变换，借助想象力创作图形。

学习评价

在创作过程中，学生体会到自创七巧板可以拼出多姿的图形，收获了成功的喜悦。

特色点评

1. 跨学科主题学习首先应该是学生主动参与的、互动合作的探究过程，其次是"有学科意蕴的典型实践"，在跨学科主题学习中，学生运用学科的概念、思想和工具，知行合一地解决真实情境中的问题。"平面图形设计"项目式学习基于学生的基础和兴趣点，提取各学科知识要素后，进行"数学+艺术+物理+劳动+信息科技"多学科融合性学习，具有可操作性和实际意义。

　　2. 项目精心设计活动环节，创设真实的问题情境，多维度进行跨学科主题学习，实现了学科协同育人。

　　（1）活动设计匠心独运。如学生动手操作探究数与形的关系，小组合作交流探究图形变换的性质等，这些环节都能培养学生多角度思考的学习习惯以及交流合作的学习能力，提升学生的数学思维以及发展他们的学科素养。

　　（2）问题情境真实有趣。在教学中教师关注学生实际，为学生提供探索和讨论的问题情境与素材，使学生在自主探索和合作交流的基础上经历数学探索问题的一般步骤。

　　（3）强调学科协同育人。本节课的最大亮点在于跨学科实践：查阅资料，展示成果，了解文化背景，感受艺术美；以信息科技为支撑，进行图形设计；以手脑并用的方式展开劳动项目实践；通过物理实验展示图形变换在生活中的实际应用。

　　3. 围绕项目内容，充分挖掘各学科内涵，关注学生核心素养的提升，有效推进了跨学科学习活动的开展。

　　（1）以文化为暗线，贯穿课堂始终。在玩转七巧板、探究数与形的过程中，有机渗透七巧板发展的历史背景和数学文化，增强了学生的文化自信。

　　（2）以问题为明线，层层铺垫展开。精心设计问题串，引导学生独立思考，合作探究，逐个突破重点和难点，不断碰撞出思维火花。

　　（3）以学生为根本，发展核心素养。以生为本，通过丰富的课堂活动将几何直观、推理能力等数学核心素养与人文底蕴、科学精神等一般核心素养紧密联系，体现了数学学科在育人方面的重要价值和作用。

取镜借光
——融合轴对称主题的教学实践[①]

本课例综合运用数学、物理、地理等学科的知识和思想方法，通过项目式学习的方式，将轴对称、全等三角形等有关知识融于"取镜借光"的研究和实践过程中。项目活动以课内、课外交错，研究、实践结合的方式展开。学生以小组为单位经历设计、测量、布置、实施的过程，从中发现规律，提出新的问题，并结合实际思考"取镜借光"应用于生活的方法，

```
┌─────────────────────────┐
│  课例名片                │
│                          │
│  🧍 年 级：八年级上学期   │
│  📅 总课时：2课时         │
│  📖 学 科：数学、物理、   │
│            地理          │
└─────────────────────────┘
```

在此过程中发展学生的抽象能力、几何直观、空间观念，提升应用意识和创新意识。

主题分析 ··

学生在完成"取镜借光"项目式学习的过程中，要将实际问题转化为平面几何问题，测算出平面镜摆放的位置和角度，所以涉及数学学科有关知识；此外，"取镜借光"主要借助平面镜反射，所以涉及物理学科知识；最后，将室外的太阳光引入室内要考虑太阳高度角的大小，所以涉及地理学科知识。因此，该项目式学习主要涉及轴对称、全等三角形等图形与几何的相关知识，以及物理、地理等学科知识。

（一）课程标准要求

2022版课标在"图形与几何"的教学提示部分强调：图形的变化的教学，"应当通过信息技术的演示或者实物的操作，让学生感悟图形轴对称、旋转、

---

① 设计与执教者：张楠（首都师范大学附属中学）。修改与点评者：沈杰。

平移变化的基本特征"；"知道这三类变化有一个基本性质，即图形中任意两点间的距离保持不变，夹角也不变"。这样的教学活动有助于学生理解几何学的本质。

在学业要求部分强调："理解轴对称、旋转、平移这三类基本的图形运动，知道三类运动的基本特征，会用图形的运动认识、理解和表达现实世界中相应的现象；理解几何图形的对称性，感悟现实世界中的对称美，知道可以用数学的语言表达对称"；"经历从不同角度观察立体图形的过程。在这样的过程中，发展几何直观和空间观念"。

（二）核心素养表现

1. 抽象能力的具体行为表现。学生从现实世界的手电筒光或太阳光的平面镜反射问题中抽象出光线、镜面的位置、角度等核心数量关系和位置关系，并用数学符号予以表达，从而提升学生的抽象能力。

2. 几何直观的具体行为表现。学生在分析"取镜借光"问题时，建立形与数的联系，构建数学问题的直观模型，利用图形分析"取镜借光"问题，探索解决问题的思路，在此过程中发展学生的几何直观。

3. 空间观念的具体行为表现。学生根据光线、镜面的特征抽象出几何图形，根据几何图形想象出所描述的实际物体；想象并表达光线、镜面之间的位置关系；感知并描述光线、镜面的运动和变化规律。在这些过程中，培养学生的空间观念。

4. 应用意识和创新意识的具体行为表现。学生能够感悟"取镜借光"过程中蕴含着大量的数量和图形相关的问题，可以用数学的方法予以解决；了解数学作为一种通用的科学语言在物理、地理学科中的应用，建立学科之间的联系。学生勇于探索具有开放性的"取镜借光"问题，在遇到不同的实际困难和问题时，能够从不同角度找寻困难和问题的解决途径与方法。在这些过程中，发展学生的应用意识和创新意识。

（三）项目内容分析

从知识上看，学生已经学习了全等三角形、轴对称、光的反射等有关知识，能用其相关性质解决一些简单的实际问题。从能力上看，八年级学生能够将一些简单的实际问题抽象为数学问题，并通过几何直观和空间观念来解决。

　　学生在进行项目式学习的过程中，遇到的困难主要来源于以下两方面：一是对复杂的光学问题研究有困难，现实世界中太阳光的镜面反射问题受到太多因素影响，且各因素的影响程度不同，学生相关的物理知识及研究经验不足，不了解变量之间的关联，难以探究复杂的光学实际问题；二是对立体空间中角度的测量与计算有困难，缺乏边、角转化的相关知识。学生遇到这些困难时，需要教师适时的引导和帮助。

　　本项目的学习活动由数学教师主导完成，可以联合其他学科（如物理、地理）教师或班主任一起完成。如下图所示，该项目以"取镜借光"为核心问题，倡导通过团队合作的方式解决。课程内容可以分为课内、课外两部分，课外主要是明确任务、设计并实施方案解决问题，并在实践过程中发现规律，提出新的问题；课内主要是作品展示、交流反思，并结合实际思考方案的改进方法。

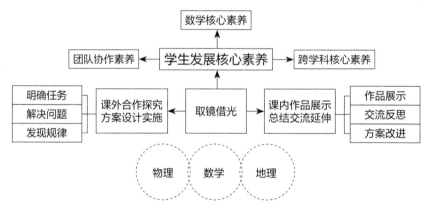

项目说明

（一）核心问题

　　基于以上分析，本项目需要解决的核心问题是："取镜借光"，即在夜晚利用平面镜反射让教室外的一束光照亮整间教室。

（二）项目目标

　　1. 在跨学科情境活动中，经历"取镜借光"项目式学习过程，能从现实生活的"取镜借光"问题中抽象出核心关系并转化为数学问题，运用数学知识解决问题，发展抽象能力、几何直观和空间观念。

2. 在具有开放性的"取镜借光"活动中，运用不同的方法完成项目任务，并在实践过程中综合运用数学、物理、地理等学科的知识发现规律、解决问题，建立数学与其他学科、数学与生活之间的联系，发展应用意识和创新意识。

3. 在"取镜借光"项目式学习活动中，将数学与物理、地理知识融合运用，探索节能环保、改善生活的途径，发展科学精神，养成积极乐观的生活态度；通过小组合作的形式克服困难、完成任务，增强团队合作意识和人际交往能力。

（三）实施策略

"取镜借光"项目式学习除课前布置任务外，主要分两个课时完成。第一课时包含课内课外两部分内容，教师先在课内展示项目任务单，学生在教师的引导下明确核心问题的条件、任务及评价标准，完成"项目启动"；然后在课外进行方案设计、测算、布置和实施，记录实验结果，完成"项目开展"。第二课时首先由学生展示作品并相互评价，完成"项目总结"；再在教师的引导下思考将"取镜借光"应用于生活的方案改进，进行"项目延伸"。项目实施流程如下图所示。

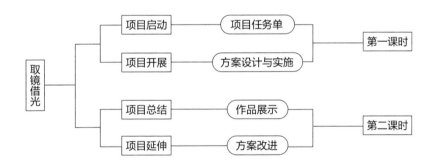

课堂实录

课　前

师：影视作品中，主人公利用平面镜反射就可以让阳光照亮整个黑暗的洞穴。现实生活中这种做法真的可行吗？其实"取镜借光"早有先例，比如峡谷里的村庄用镜子"借"光照亮广场，采光不好的房屋用镜子"借"光照亮阴暗的房间，等等。你知道"取镜借光"蕴含哪些数学知识和方法吗？你能在夜晚利用平面镜反射让教室外的一束光照亮整间教室吗？

请大家利用课余时间，自主查阅相关文献，结合实践，在项目任务单上完成以下三个任务：①了解与我们的学习和生活相关的建筑照明国家标准、测量方法及常见测量工具；②在白天利用照度计手机应用程序分别测量室外和家中书房的照度，记录测量时刻，判断某时书房的照度是否符合国家标准；③分析镜面反射蕴含的数学知识或方法。

学习支架

教师自制视频导入，并为学生发放项目任务单。

学习评价

学生观看视频后，对"取镜借光"照亮夜晚的教室产生浓厚兴趣和探究欲望，对后续研究与实践产生期待。

第一课时：方案设计与实施

任务1：学生展示课前预备任务完成情况

师生活动： 学生根据课前查阅的相关文献了解建筑照明国家标准和照度测量方法，结合实际操作认识到生活中存在照度低于标准的情况，梳理出镜面反射蕴含的数学知识或方法，并在教师的引导下明确要解决的"取镜借光"照亮教室问题的条件、任务及评价标准。

师：相信大家已经查阅相关文献，动手实践，并完成了项目任务单。现在，哪名同学想上台展示一下你的完成情况？

生：对于第一个任务，我查到最新的国家标准是《建筑照明设计标准》（GB 50034—2013），其中规定了居住建筑、公共建筑及相关场所的照明标准值及测量方法。比如：住宅的卧室里，在0.75 m高度的水平面测量的照度标准值为75 lx；学校教室里，在课桌面测量的照度标准值为300 lx等。测量方法是在规定表面上各点测量照度值，再计算平均照度。常见的测量工具是照度计，是一种专门测量照度的仪器仪表，有的手机上可以使用照度计应用程序，但不是很精准。对于第二个任务，我测量的时间是下午2点半，测出室外的照度是21400 lx，家中书房0.75 m水平面的照度是197 lx，国家标准值是300 lx，说明这时书房的照度低于国家标准。对于第三个任务，镜面反射中，反射角等于入射角，相当于在入射光线、反射光线和法线所在的平面内，反射角和入射角关于法线轴对称，这蕴含轴对称的有关知识。

师：完成得非常好！除了轴对称的知识外，镜面反射中还涉及其他数学知识吗？

生：在入射光线、反射光线、法线所在的平面内，法线垂直于镜面，入射角与反射角的大小相等，这里有角的互余、互补的关系，还涉及角的度量与计算的知识。

师：两名同学回答得都非常好。前面的同学测出家中书房的照度在那一时刻是低于国家标准的，还有哪些同学测出的结果也是低于国家标准的，请举手。

部分学生举手。

师：同学们如果在照度值低于国家标准的书房学习，容易对眼睛造成损害，应该注意及时补充光源，比如打开灯，提高照度，这样能保护眼睛。从环保的角度考虑，如果能把室外的自然光引入室内，既提高了室内照度，又节约了能源，一举两得，就更好了。镜面反射为我们提供了把室外自然光引入室内的可能。同学们已经了解了镜面反射中蕴含的数学知识，你们能运用这些知识实现"取镜借光"照亮整间教室吗？如果同学们能完成这项任务，相信大家把室外自然光引入室内也不是难题了。

我们先研究简单情形：①教室长约10 m，宽约6.7 m，夜晚教室的窗帘关闭，室内平均照度小于等于0.02 lx，裸眼无法辨别教室内物品的位置；②光源来自同一手电筒相同设置情况下产生的光束，摆放于固定位置的手电筒在教室门外沿着楼道方向平行于地面照射出光线；③教室门口有一个可以调整角度的平面镜，可以将室外的光线反射至室内；④教室内有两个完全相同的平面镜，只能紧贴墙壁挂放，摆放位置可以调整；⑤手电筒和平面镜都固定在距地面1 m高的同一平面中。

"取镜借光"任务及效果检测方式：①设计方案并实施，结合度量与计算确定教室内镜子摆放的位置、光传播的距离，若光照射教室门口的镜子的入射角为α，用含α的式子表示教室内光的入射角和反射角；②在教室内的任意三张课桌上各摆放一个棕色花盆，一名同学站在教室前的固定位置负责检测，看是否能够辨别出三个花盆所在的位置；③用照度计在教室内的六个测量点位测量照度，并计算平均值，平均照度越高效果越好。

> **学习支架**
>
> "取镜借光"效果的影响因素较多，教师引导学生控制变量，先从简单情形开始研究，明确学生要解决的"取镜借光"照亮教室问题的条件、任务及评价标准。

> **学习评价**
>
> 学生能较好地完成项目任务单，并结合实践了解室内照度的标准、照度的测量方法，体会"取镜借光"的应用价值，为后续学习奠定基础。

任务2："取镜借光"方案设计与实施

师生活动：小组讨论"取镜借光"方案，绘制设计图，并根据设计图在教室测算相关数据，布置平面镜，教师给予指导和帮助。学生进行"取镜借光"实验，教师按照预定的评价标准记录小组实验结果。

【困难1】不了解"取镜借光"的效果受哪些因素的影响。

师：可以结合简单的实验，从光在空气中的传播和光的反射等方面分析光的损耗。

【困难2】室内的平面镜布置好后，为了让室外的光照可以反射到室内的第一面平面镜，教室门口的镜子需要摆放的角度难以计算。

师：可以用激光笔模拟光源，调整教室门口镜子的角度，直到室外的光可以反射到室内的第一面镜子处，固定此时教室门口的镜子。

【困难3】光在教室里传播的距离难以计算。

师：可以借助激光测距仪测量两点之间的距离。

> **学习支架**
>
> 学生对相关物理知识、边角关系转化的数学知识、测量距离的工具了解不足，教师指导学生结合实验发现规律、解决困难，指导学生使用激光测距仪等工具。

第二课时：作品展示与交流

任务1：分组展示作品成果

　　师生活动： 小组项目负责人展示研究成果，其他小组成员做好记录，可在展示结束后提出疑问，由展示小组负责解答；小组互评和教师评价相结合。

【作品1】

　　生：（作品介绍）如右图[①]所示，由于希望光的反射路线能够较为均匀地分布在整间教室里，所以我们根据轴对称的性质和角的计算有关知识求出了教室内镜子的摆放位置和教室内光的入射角和反射角，结合实验得出光传播的总距离为22.44 m。

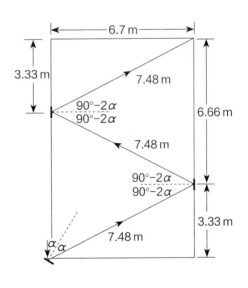

　　实验效果：按照右图所示的方案进行"取镜借光"实验，负责检测的同学站在教室前的固定位置能够看到教室内三个花盆的位置。用照度计在教室内测量并计算出平均照度是0.135 lx。

【作品2】

　　生：（作品介绍）通过实验，我们发现光在空气中的传播会有损耗，传播的距离越远，损耗越大。我们还发现每次平面镜反射也会对光造成损耗。所以我们的设计是让进入教室后的光在反射前能从教室前方射到教室最后，然后再反射回教室前方，如下页图所示。我们根据轴对称的性质和角的计算有关知识得

――――――――――

① 教室长为10 m，图中数据为近似数值，后同。

出了教室内镜子的摆放位置和教室内光的入
射角和反射角，结合实验得出光传播的总距
离为21.91 m。

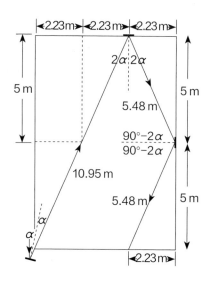

　　实验效果：按照右图的方案进行"取镜借
光"实验，负责检测的同学站在教室前的固定
位置能够看到教室内三个花盆的位置。用照度
计在教室内测量并计算出平均照度是0.197 lx。

　　其他小组听完该小组的成果展示后，提
出如下疑问并获得相应解答。

　　生：（质疑）两种设计方案都在室内经历
了两次平面镜反射，光传播的距离也相差不
多，平均照度的差距是什么原因造成的呢？

　　生：（解答）我们在方案设计和实施过程中也有和这名同学一样的困惑，
通过实验我们发现了一些规律，比如光传播得越远损耗越大，光的每次反射都
有损耗。我们还发现当光传播同样的距离，反射一次，入射角不同，反射产生
的损耗也不同，这些都对照度有影响。但我们还不清楚这些不同因素对光的损
耗程度是否具有某种数量上的规律，这又是新的问题，我们小组打算继续通过
查阅文献、实验探究的方式研究下去。另外，由于平均照度是由教室内六个测
量点位测出的照度值计算平均值得到的，光照强弱不均匀也会影响平均值。

学习评价

　　　两个小组都运用数学知识结合实验实现了"取镜借光"照亮整间教
室。最难能可贵的是，他们能够在实践中不断提出问题，通过实验探索
规律，尝试解决问题。

任务2："取镜借光"的方案改进

　　师生活动：学生在已有经验的基础上，结合地理有关知识，思考"取镜借
光"在实际应用中还应考虑太阳高度角的问题，将立体几何问题转化为平面几
何问题解决，将与太阳高度角相关的较为复杂的"取镜借光"问题转化为已解
决过的简单问题进行解决。

师：同学们已经能够很好地解决简单的"取镜借光"问题了。在生活中，将室外的自然光引入室内，能帮助我们在北方寒冷的冬季和南方潮湿的春季改善室内生活环境。我们也可以运用类似的方法在生活中"取镜借光"。如果想通过布置平面镜将室外的自然光引入室内，增加室内的光照强度和时长，在已有的认识基础上，还需要考虑哪些影响因素？

生：我认为还应该考虑到不同地点、不同时间太阳光照射地面的角度不

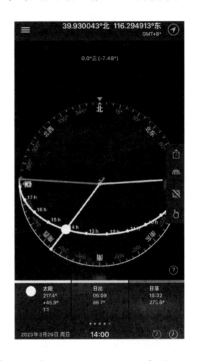

同。地理课上我们学过，北半球夏季的太阳高度角高，冬季的太阳高度角低；一天中正午的太阳高度角最高，日出和日落时太阳高度角最低，太阳高度角是不断变化的。可以选定"取镜借光"的时间段，根据时间段内太阳光照射地面的角度设置平面镜的角度。

师：这名同学回答得非常好！生活中的"取镜借光"确实需要考虑太阳高度角的大小，我们可以通过手机应用程序查到不同地点、不同时刻太阳光照射地面的方向和角度。右图是我查到的某一地点某一时刻的太阳光线相关信息，如果想通过平面镜反射，让太阳光能够平行于地面、自南向北照射，你知道该如何摆放平面镜吗？这样一个立体空间中的问题，能不能转化为我们熟悉的平面几何问题解决呢？

生：如下图所示，可以先画出太阳光线所在的垂直于地面的平面示意图。根据应用程序中查到的信息可以知道太阳光照射的水平方向为北偏东37.4°，$\angle AOB=45.9°$，则$\angle AOC=180°-45.9°=134.1°$。为了让光线沿水平线$OC$射出，作$\angle AOC$的角平分线$OD$，则$\angle COD=134.1°\div 2=67.05°$，镜面应与$OD$垂直，所以在太阳光线所在的垂直于地面的平面中，镜面与地面的夹角为22.95°时，可以让阳光沿北偏东37.4°水平于地面的方向射出。

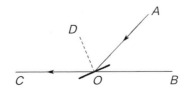

如下图所示，再画出水平面示意图。光线经第一次平面镜反射后沿北偏东37.4°水平于地面的方向照射，∠EMF=37.4°，则∠EMG=180°−37.4°=142.6°。为了让光线沿MG射出，作∠EMG的角平分线MH，则∠HMG=142.6°÷2=71.3°，镜面应与HM垂直，所以镜面与南北平面的夹角为18.7°时，可以让阳光自南向北射出。

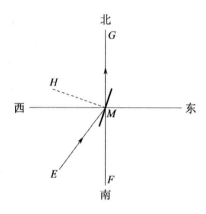

师：回答得非常好！像这样，立体空间中的太阳高度角问题就可以在平面示意图中解决了，太阳光反射为平行于地面的光线后，就转化为我们实践过的简单情形问题了。

学习支架

教师引导学生思考"取镜借光"在生活中的其他影响因素，为学生提供太阳高度角的查询方法，提示学生将立体空间中的太阳高度角问题转化为平面几何问题解决，把新问题化归为已解决过的旧问题。

学习评价

学生能根据地理学科知识提出太阳高度角问题，能将立体空间中的角度问题转化为平面几何问题解决。

特色点评

1. 学科融合适时

本课例适用于八年级上学期，学生在这一阶段刚刚完成了数学学科的轴对称和物理学科的光的反射相关内容的学习，"取镜借光"项目的开展将轴对称与光的反射相关知识与方法适时地融合于同一问题的探究与解决中：一方面有利于学生感受数学与其他学科的融合，体会数学的科学价值；另一方面也有利于学生对学科知识和方法形成多角度理解，整合数学与其他学科的知识和思想方法，提升应用意识、创新意识和实践能力。

2. 学科融合适度

现实的、跨学科的问题往往影响因素较多，教学中教师更需关注学生是否能够提出问题，是否能够解决问题。本课例中，八年级学生对"取镜借光"问题中涉及的光学原理和太阳高度角的测算等物理、地理有关知识掌握不足，相关内容学生难以理解，教师适当地引导学生控制变量，从简单情形入手，为学生搭建认知阶梯。这样的设计更有利于学生从数学的角度观察与分析、思考与表达、解决与阐释社会生活及科学技术中遇到的现实问题。

3. 学科融合适切

项目式学习的关键是发掘合适的项目，问题应真实、有意义，学科的融合应科学、合理。本课例中，在项目开展前期，教师先引导学生通过测量发现自己学习生活的区域确实存在照度不符合国家标准的情况，让学生体会项目开展的现实意义。在项目开展过程中，学生能够自主地综合运用数学、物理、地理学科的知识和方法解决问题。项目开展有利于提高学生发现与提出问题、分析与解决问题的能力，同时发挥育人价值，渗透环保理念，发展科学精神，使学生养成积极乐观的生活态度。

国内生产总值（GDP）调研
——融合统计图表的教学实践[①]

综合运用数学、经济学、社会学、金融学等学科知识和思想方法，通过项目式学习的方式，融合探究国内生产总值（GDP）的情况，通过对数据的整理、分析，把握GDP的发展趋势，用合适的统计图表表达经济与社会中的问题。探究活动以课内、课外相结合的方式展开。项目以活动育人，让学生在活动中提升抽象能力和运算能力，强化数据观念、模型观念、应用意识和创新意识。

课例名片

年　级： 八年级下学期

总课时： 3课时
（课内2课时，课外1课时）

学　科： 数学、经济学、社会学、金融学

主题分析

学生通过完成GDP的项目式学习，了解到GDP是一个国家（或地区）所有常住单位在一定时期内生产活动的最终成果。GDP是国民经济核算的核心指标，也是衡量一个国家或地区经济状况和发展水平的重要指标。要对GDP有一个全面、系统、深入的认识，必须有经济学、社会学、金融学的相关知识做支撑，因此，本项目式学习主要涉及数学中数据统计的相关知识，以及经济学、社会学、金融学等学科知识。

（一）课程标准要求

2022版课标在"抽样与数据分析"中提到，要让学生"知道抽样调查的必要性和简单随机抽样的特点。能根据问题的需要，设计恰当的调查问卷并会用

---

① 设计与执教者：陈朝建（湖北省武汉市黄陂区双凤中学）。修改与点评者：周远方、胡红芳。

简单随机抽样收集数据；能绘制扇形统计图、频数直方图，能用扇形统计图、条形统计图、折线统计图、频数直方图等整理与描述收集到的数据，能读懂扇形统计图、条形统计图、折线统计图、频数直方图等反映的数据信息，能利用频数直方图解释数据中蕴含的信息"，"能解释数据分析的结果，能根据结果作出简单的判断和预测，并能进行交流"，"通过表格、折线图、趋势图等，感受随机现象的变化趋势"。

（二）核心素养表现

1. 抽象能力的具体行为表现。学生能从GDP调研的现实问题中抽象出要研究的数学问题，能从实际情境或跨学科的问题中抽象出核心变量、变量的规律及变量之间的关系，能从具体的问题解决中概括出一般结论，形成数学的方法与策略。学生能用数学的眼光发现并提出经济生活中蕴含的数学问题，学会用数学的方法描述、表达经济与社会中的问题。

2. 数据观念的具体行为表现。学生在课外实践活动中收集近十年的GDP数据，这些数据可能具有一定的随机性，学生需要采取合适的方法分析这些数据，从而找出数据背后蕴含的规律和逻辑。学生知道可以用定量的方法描述随机现象的变化趋势，感知大数据时代数据分析的重要性。

3. 模型观念的具体行为表现。学生需要借助GDP变化情况及趋势，有意识地用数学的概念与方法予以解释。增强对数学的应用意识，注重模型观念的培养。

4. 应用意识和创新意识的具体行为表现。学生学习数据整理的相关知识，并将这些知识运用于解决与GDP相关的实际问题，了解数学作为一种通用的科学语言在其他学科中的应用，通过跨学科项目式学习建立不同学科之间的联系。在探究变化趋势的过程中遇到困难，有些实际困难不能从书本中找到解决办法，学生需要敢于质疑与发问，这些都有利于培养学生的应用意识和创新意识。

（三）项目内容分析

从知识上看，学生已经学习了统计的初步知识，能绘制扇形统计图、频数直方图，能用扇形统计图、条形统计图、折线统计图、频数直方图等整理与描述收集到的数据。从能力上看，学生已经能够进行一些简单的数据收集与整理工作，也能将一些简单的实际问题抽象为数学问题，并能进行简单分析。

然而，本课题探究所涉及的实际问题较为复杂，涉及国民经济核算的核心指标数据分析，其表现形态有价值形态、收入形态和产品形态。学生难以选择合适的子课题，且设计具体可行的研究方案也有难度。另外，学生虽然能够收集到大量的相关数据，但他们所学知识有限，分析方法单一，所以在具体的整理与分析中会遇到很多困难，需要教师适时引导。

本主题学习活动由数学教师主导实施完成，可以联合其他学科（如经济学、社会学、金融学）专业人员一起完成。如下图所示，这是一个开放性的活动，倡导通过团队合作的形式解决。学生通过自主学习、合作探究，经历理解 GDP 等经济领域基本概念、查询我国GDP 方面的信息、收集相关数据的过程，学会用数学的眼光发现并提出经济生活中蕴含的数学问题；通过对数据的整理，经历独立发现或团队合作，把握 GDP 的发展趋势，并尝试用合适的统计图表表达的过程，学会用数学的思维思考现实世界的规律，用函数、统计图表等表达经济与社会中的问题。

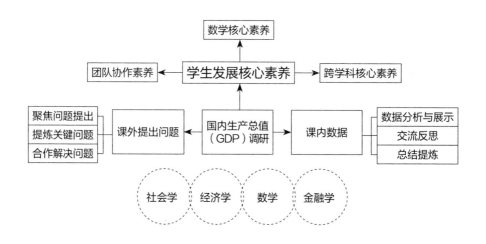

项目说明

（一）核心问题

基于以上分析，本项目需要解决的核心问题是：GDP与我们的生活关系十分密切，那么怎样研究和分析GDP的发展趋势呢？

（二）项目目标

1. 在跨学科实践活动中，通过GDP调研项目研究，经历有目的地查询数据的过程，体验收集与整理数据的必要性，感知大数据时代的特征，发展数据观念和模型观念。

2. 在项目选题、开题和做题的研究活动中，经历收集、整理和分析近10年GDP数据的基本过程，巩固根据问题的背景和所要研究的问题收集数据并对其进行整理与分析的方法；对数据的意义和数据蕴含的信息有比较清晰的认识。

3. 在项目结题的展示活动中，经历数据整理、分析的思维过程，能够感悟数据的意义与价值，有意识地使用真实数据表达、解释与分析现实世界中的不确定现象；欣赏数学语言的简洁与优美，逐步养成用数学语言表达与交流的习惯，形成跨学科的应用意识与实践能力。

（三）实施策略

GDP调研项目式学习除课前布置任务外，主要分三个课时完成。第一课时为课内课时，教师首先展示课前任务单，学生在教师的引导下完成选题，再以开题报告表的形式完成开题；第二课时为课外课时，主要是学生根据开题报告表中拟定的研究方法与步骤展开数据收集，并在教师引导下整理数据、分析数据、得出结论等；第三课时为课内课时，学生展示研究成果并相互评价，课题结题。

本项目实施流程如下图所示。

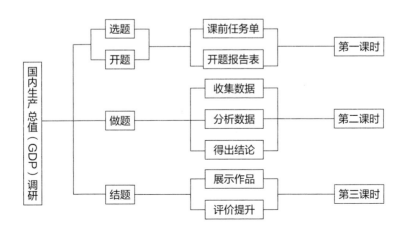

课堂实录 ···

课　前

师生活动：教师利用自习课或活动课时间播放视频。视频引导语如下：习近平总书记在2023年新年贺词中提到，我国继续保持世界第二大经济体的地位，经济稳健发展，全年国内生产总值预计超过120万亿元。面对全球粮食危机，我国粮食生产实现"十九连丰"，中国人的饭碗端得更牢了。

师：作为中国人你是否感觉到自豪？这里提到的国内生产总值（GDP）你了解多少？120万亿元的GDP包含哪些经济指标？请大家利用课余时间，自主查阅相关资料，完成课前任务单上的两个任务（见下图），并初步认识与理解所收集的数据，认识其作用和局限性，同时尝试用数学的眼光去发现社会问题。

课前任务单

任务1：自主学习理解GDP的含义，并用具体实例解释、表述GDP。

任务2：收集近10年（2013—2022年）GDP的相关数据，做简要的对照分析。（提示：在中国经济信息网、国家统计局等官网查询，确保数据的准确性和权威性，可以按季度收集整理，收集全国、省、市、区的数据均可。）

学习支架

　　教师选取2023年习近平总书记的新年贺词视频片段导入，并为全体学生发放课前任务单。

学习评价

　　学生观看视频后，对GDP的探究活动表现出较大的学习热情和探究欲望，并期待后续研究。另外，家长反馈学生在家查阅资料的积极性很高。

第一课时：选题与开题

任务1：学生展示课前预备任务完成情况

师生活动：学生根据课前查阅的相关资料，整理出GDP的含义，明确运用统计图表的知识来研究分析这些数据的内涵。

师：现在，哪名同学想上台展示一下你的课前任务完成情况？

生：GDP指一个国家（或地区）所有常住单位在一定时期内生产活动的最终成果。在实际核算中，GDP有三种计算方法，即生产法、收入法和支出法。

师：非常好！还有同学想进行补充吗？

生：GDP是通过三次产业的经济指数呈现的。第一产业是指农、林、牧、渔业。第二产业是指采矿业，制造业，电力、热力、燃气及水生产和供应业，建筑业。第三产业即服务业。

师：很好，对GDP的理解能通过实例来说明吗？

生：例如，中国华为技术有限公司在东南亚投资建厂新创造的价值不能计入中国GDP，法国艾菲汽车零部件（武汉）有限公司创造的价值计入中国的GDP。由此可以知道，GDP统计的是一个国家（或地区）范围内，无论是本国的单位和公民，还是别国的单位和公民，在一年内新创造的价值。

生：我认为课前任务2中，每一年的第一产业相对上一年度增长率相对稳定，第二产业和第三产业比重较大，其中第三产业的份额最大。

生：我认为对这三大产业的分析还可以细化一下，三个方面的产值还与这几个方面的指数有关：全国居民消费价格指数CPI、工业生产者出厂价格指数PPI、总人口数、粮食产量、工业增加值、社会消费品零售总额、固定资产投资等。

师：找得很准！我们查阅资料的时候，这些数据是以怎样的形式呈现在我们面前的？

生：是用统计表、条形统计图、折线统计图、扇形统计图等形式描述的，它们也是一种函数关系，经济指标随着时间的变化而变化。

师：很好，我们能用数学的眼光看待GDP的相关数据，非常好！

学习支架

　　学生通过数据、实例、图表理解GDP的概念；教师实时引导学生用数学的眼光进行观察，发现相关概念并提出简单解决问题的方法。

学习评价

　　学生能较好地完成课前预备任务，为后续研究的展开奠定基础。学生虽然不能独立准确找出各个相关经济指标间的关系，但能够用数学的眼光发现并提出经济生活中蕴含的数学问题，同时用数学的方法描述、表达经济与社会生活中的问题，学习效果不错。

任务2：提出具体可操作的子课题

　　师生活动： 根据学生课前任务的完成情况，教师明确指出可以用数学的方法描述、表达经济与社会中的问题。学生在此基础上分小组讨论，拟定本小组要研究的具体子课题，将GDP调研的课题研究进一步聚焦。待学生自拟子课题后，视频连线邀请武汉市黄陂区数据中心相关专业（经济学、金融学、社会学）人员从各自专业角度出发，讲解这些子课题的理论依据和研究价值，并和教师一起共同选出其中的几个关键问题进入后续研究。学生也分为三个小组，每个小组有一位指导教师。

　　师： 根据GDP的概念，我们既可以从三个大的方面的经济指标来分析，也可以结合某一经济指标（进出口总量、人均收入等）与GDP的关系做探究分析。下面请同学们结合自己收集的数据，思考从哪个角度来分析。同时请每个小组讨论并确定一个更加具体的子课题，我将和具有经济学、金融学、社会学背景的三位专业人员一起，共同挑选出三个子课题进入后续研究，并参与指导。讨论开始。

　　师生活动： 学生讨论，教师巡视，并与当地数据中心的几位专业人员连线交流。

　　师： 讨论结束！请各小组长依次上台写出你们组的子课题，并简单说明理由。

　　组1：我们的子课题是，我区近年来第一产业GDP的变化趋势调研。因为我们小组有几位成员来自农村，村里种了果树和稻谷。

　　组2：我们为我国的制造业感到自豪，所以我们的子课题是，探究我国制造业在GDP中所占比重的变化趋势。

　　组3：因为我们总听电视说"进出口总量"，想了解进出口总量与GDP的关系，所以我们的子课题是探究进出口总量与GDP的关系。

组4：我国是世界第二大经济体，那是不是我们的收入也是世界第二？所以我们的子课题是研究人均收入与GDP的关系。

组5：我们与组4有类似的想法，中国的GDP何时会超过美国？所以我们的子课题是探究中美GDP发展趋势。

师：各小组的想法都不错！我们先听一下区数据中心几位专家的看法。

张科员（区社会规划管理局）：中国的经济发展，既要看速度，也要关注质量。坚持"稳"字当头、"稳"中求进。我认为组1、组2和组5的子课题可以合并为一个：国内生产总值发展变化趋势研究。老师期待你们的研究成果。

刘科员（区审计局）：我国自加入世界贸易组织以来，进出口总量不断增加，GDP也同步上升。所以我认为组3的研究是非常有价值的。进出口总量与GDP的关系十分密切，值得研究。

甘科员（区税务局）：我国发展的总体目标是，经济实力、科技实力、综合国力大幅跃升，人均国内生产总值迈上新的台阶。2022年我国人均GDP上升到1.27万美元，要达到目标，还要更加努力接续奋斗。所以，老师认为组4的子课题很好，值得研究，大家看怎么样？

生：可以！

师：那么，我们就选出了三个子课题：①近10年我国GDP发展变化趋势调查研究；②进出口总量与GDP的关系研究；③人均收入与GDP的关系分析与研究。接下来，请大家在指导老师的帮助下共同完成开题报告。

学习支架

教师首先给出子课题的思考方向，然后在学生自主提出子课题的基础上，和行业专家一起最终确定三个子课题。

学习评价

学生自主讨论并提出子课题，激发了研究兴趣。学生有强烈的民族自豪感与探究热情，但缺乏全方位、多角度的分析策略与方法。教师邀请经济学、金融学、社会学背景的三位专业人员进行指导，对这些子课题从专业角度进行点评，肯定学生所选子课题的研究价值，并最终确定相关子课题，为学生的后续研究提供动力。三位专业人员还分别担任一个小组的指导老师，帮助学生完成后续研究，加强学科融合。

任务3：完成并展示开题报告

师生活动：教师和三位不同学科的专业人员指导学生完成开题报告。小组讨论具体的研究方案，包括如何获取数据、如何整理与分析数据等，最后上台展示开题报告，教师给予适当点评。下表是其中一个小组（AOAO小组）的开题报告。

课题名称	近10年我国GDP发展变化趋势调查研究			
小组名称	AOAO小组	**小组负责人**	博奥	**指导教师** 张科员（区社会规划管理局）
研究目的	近年来，GDP发展变化有哪些明显的特点？变化趋势如何？我们希望用数学的方法加以描述，表达经济与社会中的问题			
研究方法与步骤	1. 从国家统计局官网上收集近10年的GDP数据。 2. 结合数据，查阅相关文献，了解相关经济指标之间的关系。 3. 将收集的数据用电子表格汇总。 4. 若表格不易观察，就绘制出统计图进行观察。 5. 将统计图进行分析对比			
可能遇到的主要困难	影响GDP变化趋势的缘由比较模糊			
成果的呈现方式	PPT和相关研究汇报材料或调查报告			

师：AOAO小组的研究方法和步骤非常详细，至于影响GDP变化趋势的缘由，我们可以通过查阅文献资料来了解。

学习支架

学校领导联系区数据中心的相关专业人员指导学生开展调查研究，提供相关数据供学生筛选；教师为每个小组发放开题报告表，并深入各小组与学生共同讨论开题报告。

学习评价

学生撰写开题报告，分析整理研究思路和研究方法，提前思考可能遇到的困难以及解决方案。学生通过小组讨论确定组员的分工安排，在活动过程中提升合作意识。

第二课时：课外收集整理

师生活动： 在第一节课选题开题之后，教师引导学生收集整理数据，解决学生在完成任务过程中遇到的困难，带领学生到区数据中心观摩，三位专业人员实时讲解，指导相关数据的分析方法，为各个小组完成任务提供帮助。

任务1：收集数据

【困难1】近10年的GDP数据通常只能直接看到三级产业的数值和同比增长率，其他相关指标数据并不能直接查到。

师：可以让小组内多名同学阅读与GDP相关的经济、社会方面的文献，从中记录相关指标数据，制成表格。

学习支架

提前打印学生记录数据需要的表格（包含相关指标），提供权威网站供学生查阅，利用活动课带部分小组成员到区数据中心查阅资料，提供国家统计局近两年年底的新闻发布会答记者问的视频让学生观看。

学习评价

学生基本能够按照提前设计的分工完成数据收集，从中获取研究数据，为探究学习做数据准备。学生能够在教师的指导下，总结、提炼收集数据和调查研究的基本方法并将其运用到实际问题中。

任务2：整理数据

【困难2】取得数据后不知道如何描绘散点图。

师：将数据可视化，选定合适的横、纵坐标绘制散点图。

【困难3】绘出散点图后无法将散点图反映出的规律抽象为数学语言。

师：先用自然语言描述规律，再将自然语言转化为相应的数学语言。

学习支架

借助区数据中心办公大厅自助平台，为学生示范电子表格处理数据的功能。

学习评价

整个整理数据的过程让学生开阔了视野，提升了学生分析处理信息的能力。学生通过合作学习和自主学习，拓宽了知识领域，在用数学的过程中学会学习，为分析数据做好铺垫。

任务3：分析数据

【困难4】数据分析空洞，切入范围过大。

师：分析时注意图形与数据的匹配程度并要联系实际情况。

【困难5】语言分析力度不足。

师：绘制频率分布直方图、折线统计图可以辅助说明问题。

学习支架

为学生示范电子表格画统计图的功能，让学生借助图形对研究对象的变化趋势进行分析。

学习评价

学生收集完数据后，制成统计图表，进而进行分析、预测、解释。学生提升了综合运用统计学、经济学、社会学等相关知识分析、解决问题的能力。

第三课时：作品展示与交流

师：同学们上一节课收集整理了数据，这一节课将展示交流你们的调查报告。

任务：分组展示研究成果

师生活动：小组项目负责人展示研究成果，其他小组成员做好记录，可在展示结束后提出疑问，由展示小组负责解答，小组互评和教师评价相结合。

学生作品展示——以AOAO小组为例。

作品名称：近10年我国GDP发展变化趋势调查研究。

研究目的：结合近10年GDP数据变化的情况，完成分析报告。在了解我国经济领域发展取得的重要成就的同时，能从经济与社会发展的视角总结反思GDP与社会可持续发展等深层次的问题。

研究方法与步骤：（1）在权威网站上查阅近10年GDP的数据和相关文献，从中获取研究数据；（2）结合查阅的文献以及自身理解，整理我国GDP及相关方面的数据，为探究学习做数据准备；（3）以小组合作的方式整理数据，将记录的数据整理后输入电子表格，绘制出统计表和统计图；（4）总结小组研究的收获并反思调整研究报告。

由此得出的研究结论具体如下：

结论1：GDP持续增长，10年里翻了一番。用列表的方法把近10年的GDP统计出来，可以清楚地看到每年产值的准确值。2013年GDP总值约59.3万亿元，2022年达到约121万亿元，10年里翻了一番。（图表略）

结论2：近3年，GDP承压前行，经济稳中有进。用条形图表示每个季度的增加值，用折线图表示同比增长百分比，清晰反映出我国经历多重不利因素的反复冲击，GDP增长减速但并未失速，稳中有进。（见下图）

2020—2022年（不含2022年第4季度）GDP统计

结论3：粮食产量平稳增长。从下面的条形图中，可以清晰看出2012—2021年这10年的粮食总产量平稳增长；从折线图中，则清晰看到粮棉油的增长变化情况，中国人的饭碗是端得更牢了！

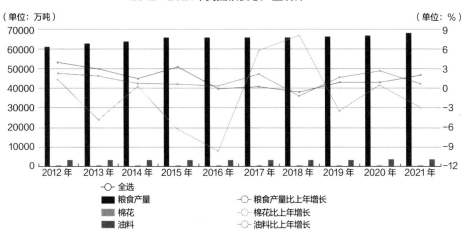

该小组统计了近10年我国GDP的原始数据，通过统计图表进行了分析整理，同时查阅了大量文献资料，能够应用新的数据模型对GDP的增长趋势做出合理判断。

另外几个小组听完该小组的成果展示后，觉得很翔实，同时也提出疑问并获得相应解答。

【质疑1】能否用扇形图直观表示2020—2022年GDP的变化趋势？

组长：如果只有一年的GDP数据是可以用扇形图表示的，但多年数据在同一个图形中则不能直观反映出同比增长情况。

【质疑2】我国GDP的增长很让人振奋，但是GDP不能反映经济发展对环境造成的负面影响，不能反映GDP增长带来的资源耗减和环境损失的代价。

张科员：GDP数据不可能满足各方面的要求，世界上没有一个统计指标能够做到这一点。同时用辩证的眼光看待GDP对环境的影响，是应有的科学态度。

特色点评

此课例将数学与经济学、金融学、社会学等学科知识相结合，跨学科分析、解释GDP中相关经济指标问题，让学生学会用数学的眼光发现并提出问题，尝试用合适的统计图表表达研究的过程，用数学的思维思考现实世界的规律，用数学的语言（函数、统计图表）表达现实世界的规律。

1. 精心设计课程目标，注重核心素养导向

项目式学习中探究的实际问题较为复杂，如何定位课程目标至关重要。教师对此进行了一系列的精心设计：让学生在经历有目的地查询数据的过程中知道收集与整理数据的必要性，建立数据观念和模型观念，并用于解决GDP调研的实际问题之中，通过跨学科主题学习建立不同学科之间的联系，敢于质疑与发问。这些做法都有利于培养学生的应用意识和创新意识。

2. 精心引导实践活动，注重多个学科融合

该项目大胆开展融合数学与社会学、经济学、金融学等学科的教学实践活动，让相关专业人员一同进入课堂参与教学，是跨学科教学的一次创新尝试，专业人员进入小组指导进一步提升了学生跨学科知识融合的有效性。学生在教师的启发下自主查阅文献资料，从数学的角度发现、思考和解决GDP中各个经济指标之间的含义和相互关系，提高了应用知识的能力，实现了数学学科育人方式和学习方式的变革。

3. 精心指导总结反思，注重结论的实际应用

学习支架中的视频导语，在激发学生研究兴趣的同时，为后续分析结论和应用做出铺垫，可谓妙笔！收集数据，完成分析报告，这并不是项目式学习的最终目的，更要指导学生从经济与社会发展的视角总结反思GDP与社会可持续发展等深层次的问题。同时在对社会实际问题的讨论中，引导学生辩证地看待GDP指标。这些都是本次项目式学习的亮点。

学生体质健康调查与分析

——融合抽样与数据分析的教学实践①

本课例从学生熟悉的体质健康测试情境出发，以真实问题为载体，以解决实际问题为重点，采取跨学科项目式学习的方式，综合运用数学、体育与健康、信息科技等学科知识和方法，对所在年级学生体质健康测试数据进行调查与分析，让学生经历收集、整理、描述、分析数据的统计调查的全过程，提升学生的数据观念和信息意识，发展学生的计算思维，培养学生的创新意识、实践能力、团结协作能力等综合品质。

> **课例名片**
>
> 🧑 **年　级：** 八年级下学期
> 🗓 **总课时：** 3课时
> 🖥 **学　科：** 数学、体育与健康、信息科技

主题分析

学生在进行体质健康调查与分析的过程中，需要了解体质健康测试的相关知识，借助信息技术更便捷地收集、整理、描述、分析数据；根据数据分析结果，结合生活实际，从体育运动的角度给同学提出提升体质健康水平的合理建议。因此，本次跨学科主题学习主要用到了统计调查的知识以及信息科技、体育与健康等学科的知识。

（一）课程标准要求

2022版课标指出，抽样与数据分析的教学要"引导学生理解抽样的必要性，知道要根据研究问题的需要，选择恰当的方法收集数据"；"通过对实际

---

① 设计与执教者：陈莉（湖北省武汉经济技术开发区第三中学）。修改与点评者：周远方、肖文记。

问题中数据的整理与分析，认识数据的数字特征各自的意义与功能"，"知道几种统计图各自的功能，会选择恰当的统计图表描述和表达数据，能根据样本数据的变化趋势推断总体的变化趋势"；强调帮助学生"通过数据认识现实世界的意义，感知大数据时代的特征，发展数据观念和模型观念"。

（二）核心素养表现

1. 数据观念的具体行为表现。学生在对本年级同学体质健康状况调查的过程中，需要根据问题的背景和所要研究的问题确定数据收集、整理、描述、分析的方法，经历统计调查的全过程，感知大数据时代数据分析的重要性，养成重证据、讲道理的科学态度。

2. 应用意识和创新意识的具体行为表现。学生运用统计的知识方法和信息技术，对本年级同学体质健康状况进行调查分析，并根据统计的结果提出提升体质健康水平的合理建议；在探究肺活量与长跑成绩的关系和体重指标BMI计算方法合理性的过程中，能设计、调整、优化方案以解决实际问题，并且不同的小组设计出不同的研究方案。这些真实、有意义的统计活动，有利于培养学生的应用意识、实践能力和创新意识。

3. 模型观念的具体行为表现。在探究肺活量大小与长跑成绩的关系时，能将实际问题抽象为数学问题，从函数的角度探究验证两个变量之间的变化规律。

4. 信息意识和计算思维的具体行为表现。学生能在体质健康调查的真实情境中，灵活使用信息技术，通过对测试数据的采集与分析，反思、优化解决方案，解决体质健康调查这一实际生活问题。

（三）项目内容分析

从知识上看，学生已经学习了统计的基础知识和方法，知道统计调查的一般过程和用样本估计总体的统计思想。从能力上看，学生能够进行一些简单的数据收集与整理工作，能用数据分析、解决一些简单、实际的问题。

本次调查活动涉及的数据较多、较复杂，需进行大量的数据计算和分析，而学生的信息技术能力有限，项目式学习的活动经验与能力不足。肺活量与长跑成绩的关系、BMI计算方法合理性的探究，需要学生从数学的角度和现实的角度思考并开展研究，有一定的开放性和挑战性。因此，需要教师提前思考学生在活动的各个环节可能遇到的困难，和学生共同参与项目式学习，适时引导，帮助学生找到解决问题的方法。

　　本跨学科主题学习活动由数学教师主导实施，其他学科（如信息科技、体育与健康）教师协同完成。本项目式学习结构如下图所示，从中可以看出这是一个开放的活动，倡导通过团队合作的形式解决问题。活动实施以课内为主、课外为辅，课内主要是学生在教师的引导下，利用信息技术收集、整理、描述、分析数据，进行当堂合作研究；课外主要是学生进行方案构思与完善及活动实施准备。

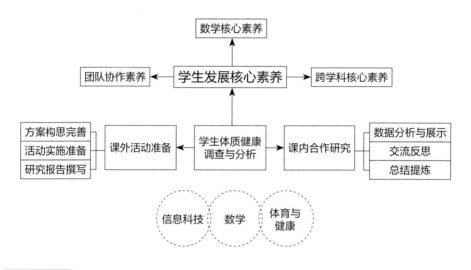

项目说明

（一）核心问题

　　基于以上分析，本项目需要解决的核心问题是：提升我们的体质健康水平，了解体质健康现状必不可少。我们能运用统计的知识与方法，对本年级同学的体质健康状况进行调查与分析吗？

（二）项目目标

　　1. 在统计调查过程中，经历收集、整理、描述和分析数据的全过程，感受抽样的随机性，感悟数据分析的必要性，提升数据观念。

　　2. 在关于肺活量和长跑成绩的关系及BMI计算方式合理性的探究活动中，

提出可以通过数据分析解答的研究问题，能从不同角度设计解决问题的方案，会用合适的数据代表和图表分析得出结论，逐步积累数学活动经验，提高发现与提出问题、分析与解决问题的能力，发展应用意识、创新意识和实践能力。

3．在统计活动中，能合理运用信息技术收集、整理、描述、分析数据，感受信息技术带来的便捷，发展信息意识、计算思维。

4．在展示交流活动中，能清晰、有条理地展示研究的方法步骤、研究成果，交流收获与不足，发展语言表达能力、反思总结和评价能力。

（三）实施策略

本课例以课内课外相结合的方式实施。课外主要进行活动实施准备工作，课内共三个课时：第一课时展示准备活动完成情况，激发学生开展调查研究的兴趣，并在教师指导下完成选题开题；第二课时小组合作进行以长跑成绩为主题的统计调查活动；第三课时小组合作进行以BMI为主题的统计调查活动。该项目实施流程如下图所示。

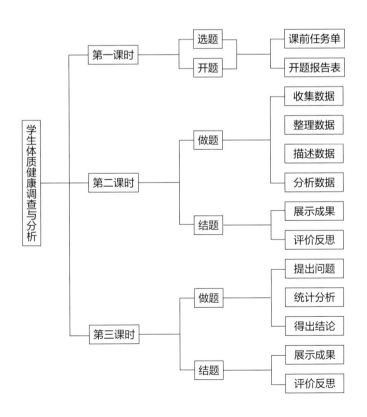

课堂实录

课前：活动准备

师生活动： 教师利用学校活动课时间为学生播放视频，视频内容为学校学生进行体质健康测试的场景。

师：从小学一年级开始，同学们每年都会进行一次体质健康测试。大家知道为什么要进行体质健康测试吗？要测试哪些项目？为什么要测试这些项目？你了解自己的体质健康测试水平吗？请同学们小组合作，利用课外时间完成活动准备任务单上的两个任务。（见下图）

活动准备任务单

查阅相关资料，了解体质健康测试的相关知识，具体如下：

1. 了解体质健康各测试项目的测试意义。

2. 填写下面的个人体质健康测试记录表，上网查阅、了解八年级男女生的体质健康测试单项评分标准、总分计算方法及总分等级评定标准，计算自己的体质健康测试总分，了解自己的测试总分等级。

姓名		性别		年龄		班级	
身高（m）							
体重（kg）							
肺活量（mL）		男生专项	引体向上（次）				
50米跑（s）			1000米跑（min·s）				
坐位体前屈（cm）		女生专项	1分钟仰卧起坐（次）				
立定跳远（cm）			800米跑（min·s）				

体重指数 $BMI = \dfrac{体重}{身高^2}$（kg/m^2）

学习支架

教师自制视频导入，为学生发放活动准备任务单，并为学生提供体质健康测试的数据。

第一课时：选题与开题

任务1：学生展示活动准备任务单完成情况

师生活动： 教师播放体质健康测试意义的导入视频，学生根据课前查阅的资料，介绍体质健康测试的有关知识。在此基础上，教师提出学生本次体质健康调查活动的主题。

师：同学们的体质健康非常重要，通过体质健康测试我们可以了解自己的体质健康水平。同学们对体质健康测试的知识了解多少呢？相信大家已经完成了活动准备任务单，哪个小组上台先展示一下？

组1：通过查阅资料，我们了解到体质健康测试各项目都有一定的测试意义。我们组制作了一个表格来展示。（表略）

这些项目从不同的方面测试我们的体质健康状况，每一个测试项目都具有较强的代表性，能够作为体质健康水平的有效测评指标。根据每个测试项目的成绩，我们可以了解自己身体素质各方面的情况，知晓哪些方面存在不足，可以有针对性地加强锻炼。

师：表格非常清晰地呈现了体质健康的知识。谢谢第一小组的展示。

组2：我们组来展示第二个任务。我以我的体质健康测试记录表为例，来介绍体质健康测试总成绩的计算方法和等级评定。（表略）

记录表上记录的是我们每个项目的测试数据，比如肺活量是2455 mL。根据各单项评分成绩，这些测试数据就可以转化为对应的分数和等级，比如肺活量2455 mL对应的分数是78分，等级是合格。每个测试项目的重要程度是不一样的，左边这一列填写的百分比就是各单项成绩的权重，结合刚才第一小组的介绍我们就可以体会到，体测总分用加权平均数来进行计算，大家看我总分的算式和结果：$78 \times 15\% + 80 \times 20\% + 80 \times 10\% + 76 \times 10\% + 100 \times 15\% + 76 \times 10\% + 85 \times 20\% = 82.9$。总分也有一个等级评价表。（见下页表）

等级	总分
优秀	90.0分及以上
良好	80.0~89.9分
合格	60.0~79.9分
不合格	59.9分及以下

根据这个评价表，我就可以知道我的体质健康水平等级是良好。

师：你对你的体质健康水平满意吗？

生（刚才组2的代表）：我的总分等级是良好，从单项上看，肺活量、立定跳远、1分钟仰卧起坐的成绩都是合格的等级，对这些项目还应加强锻炼，要提高自己的体质健康水平。

师：大家都了解自己的体质健康水平了吗？为提升同学们的体质健康水平，了解体质健康现状必不可少。大家能运用统计的知识与方法，对本年级同学的体质健康状况进行调查分析吗？

学习支架

师生自制视频、表格。

学习评价

通过视频导入和各小组对体质健康知识的展示，学生较清晰地了解到体质健康测试的相关知识，体会到体质健康测试的意义，从对自身体质健康水平的了解，意识到体质健康调查的必要性，对将要进行的体质健康调查与分析活动表现出较大的兴趣。

任务2：提出具体的调查分析的子课题

师生活动：学生分小组讨论，拟定本小组想要调查分析的子课题。将"学生体质健康调查与分析"的课题研究进一步聚焦，并且邀请体育与健康老师从体育与健康专业及学生体质健康的实际情况出发，给出子课题拟定的建议。最后师生共同挑选其中的两个课题进入后续研究。

师：通过体质健康测试的数据，我们可以了解到自己的体质健康水平，从而有针对性地锻炼和提升。同学们想对体质健康测试的哪些方面进行调查分析呢？请各小组讨论并确定一个具体的统计调查的子课题，后面我们会和体育与健康老师一起挑选两个进行研究，讨论开始。

学生讨论，教师巡视。

师：讨论结束！请各小组长说说你们组的子课题，并简述理由。

组1：我们组的子课题是"学生身高、体重成绩的调查与分析"。因为身高、体重从小学一年级到大学四年级都要测试，这两个项目在体质健康测试中比较重要。

组2：我们组比较感兴趣的是长跑成绩，因为长跑对同学们来说是最难的一个项目，并且长跑成绩在总成绩中占比20%，也是体质健康测试中很重要的项目。所以我们组确定的子课题是"长跑成绩的调查与分析"。

组3：我们组也想调查和身高体重有关的问题，不过我们组计划调查BMI的成绩，因为在这次活动之前，我们并不知道BMI，现在对它很感兴趣。

组4：我们组对很多项目都感兴趣，但最想研究的还是长跑。从刚才体质健康测试知识的介绍中可以了解到，长跑是测试学生身体素质的重要指标，该项目成绩反映了我们的综合身体素质，特别是耐力素质和心肺循环系统功能。另一个测试项目肺活量也和心肺循环系统功能有关联，我们组猜想，长跑成绩会不会和肺活量大小有关？平时大家跑步，有的同学跑得上气不接下气，有的同学显得很轻松，会不会肺活量大的同学长跑成绩更好呢？所以我们组很想调查长跑成绩的情况。

师：我们来听听体育与健康老师给大家的建议。

师（体育与健康）：体质健康测试的每个项目都值得同学们研究，看来大家最感兴趣的项目还是长跑和身高体重，这两个项目具有很强的代表性。其中长跑项目不仅同学们感兴趣，老师也非常关注。中考和高考的体育测试一般都有长跑项目。同学们平时长跑的成绩不是很理想，整体情况到底如何，还要靠数据说话，所以同学们的调查很有现实意义。由于男生和女生的评分标准不一样，我建议同学们把长跑项目作为第一个调查统计的主题，分别调查男生长跑成绩和女生长跑成绩。还有小组提出要研究长跑成绩与肺活量的大小是否有关系，我觉得这个问题也很有意思，期待大家的研究结果。

师：那我们确定第一个研究主题为长跑成绩，我们把它分为三个子课题：

子课题①——八年级男生长跑成绩的调查与分析；子课题②——八年级女生长跑成绩的调查与分析；子课题③——长跑成绩与肺活量关系的研究。我们四个小组，其中一组负责子课题①，一组负责子课题②，另两个小组研究子课题③。

师（体育与健康）：要配合使用身高和体重二者的数值才能比较合理地反映体质健康水平，那就是体重指数BMI，它是反映人体胖瘦程度的指标。统计调查八年级学生BMI的数值，可以了解八年级学生的胖瘦情况，这也是比较具有实际意义的。

师：BMI需要用数学表达式进行计算，大家有没有想过这个问题，BMI为什么要用$\dfrac{体重}{身高^2}$这个表达式来进行计算呢？我们就把BMI作为统计调查的第二个主题吧。我建议同学们研究两个子课题：子课题①八年级学生BMI成绩的调查与分析；子课题②BMI计算方法合理性的探究。

这样，我们就确定了统计活动的两个主题，每个主题用一节课的时间当堂合作研究。为保证我们的课题研究能在课堂上顺利完成，请各小组先讨论确定研究方案，完成开题报告。本节课我们先进行第一个活动主题的方案构思，请各小组完成本组子课题的方案设计。

学习支架

学生分组讨论及教师进行指导、给出建议，共同确定学生感兴趣、具有实际意义、可实践操作的具体子课题。

学习评价

学生能积极讨论并提出自己小组感兴趣的子课题，在充分讨论的基础上形成合理可行的方案。

任务3：完成并展示开题报告

师生活动：各小组充分讨论交流，设计研究方案。数学老师、体育与健康老师指导学生完成开题报告，学生上台展示开题报告，教师给予适当点评。下页表是其中一个小组的开题报告。

课题名称	八年级男生长跑成绩的调查与分析			
小组名称	飞翔小组	**小组负责人**	小童	**指导教师**	数学老师
研究目的	了解八年级男生长跑成绩的总体情况，根据统计调查的结果请体育与健康老师给同学们开展长跑练习提供一些方法或建议			
研究方法与步骤	1. 收集数据：将长跑成绩按性别分类，然后在男生成绩中随机抽取50个样本。 2. 整理数据：将长跑成绩进行排序，转化为分数、等级，整理成统计表。 3. 描述数据：用条形图和扇形图来描述数据。 4. 分析数据：计算男生长跑成绩的平均数、中位数、众数、方差，通过图表和计算结果对全年级男生长跑成绩进行估计			
可能遇到的主要困难	数据很多，想借助信息技术进行数据处理，但不知如何操作，比如如何用电子表格实现随机抽样和各种统计量的计算等			
成果的呈现方式	课上展示			
课外准备工作	提前学习并掌握统计过程中需要用到的信息技术的操作			

师：飞翔小组的研究方法与步骤体现了统计的全过程，非常好。各个小组都计划在统计过程中运用信息技术。确实，信息技术的运用让数据的处理变得便捷高效。各个小组可以把你们关于电子表格的使用需求汇总后报给老师，老师制作相应的微课供大家提前学习和练习。下节课，老师也会邀请信息科技老师为同学们现场指导。

学习支架

　　教师为每个小组发放开题报告表单，并深入各小组与学生共同讨论开题报告的撰写。课后推送微课供学生学习和练习，让学生为下节课的当堂研究做好信息技术准备。

学习评价

　　学生完成开题报告，分析整理研究思路和研究方法，提前思考可能遇到的困难以及解决方案。学生通过小组讨论确定组员的分工安排，在研究过程中提升合作意识。

第二课时：长跑成绩的调查与展示

任务1：长跑成绩的当堂研究

师生活动： 各小组根据构思的方案，小组合作当堂进行课题研究。数学老师和信息科技老师巡视了解各小组的研究情况，参与小组交流，对学生的困难及时给予指导与帮助。

学习支架

提前为各小组发放八年级学生体质健康测试数据（纸质版），发放男女生长跑成绩评分表和肺活量评分表（纸质版），为各小组提供两台笔记本电脑，电脑上拷贝有体质健康测试数据电子版和有关电子表格操作的微课视频（包括利用电子表格进行随机抽样、多组数据的关联抽样，利用电子表格制作统计图，利用函数计算常见的统计量，等等）。数学老师和信息科技老师巡视，了解各小组的调查研究情况，及时对学生的困难进行指导。

学习评价

各小组能根据构思方案进行有步骤的统计调查，在实际实施的过程中，还存在信息技术使用不顺利和小组分工协作不充分等问题。经过老师的指导，小组合作学习不断得到改进和优化。

任务2：研究成果展示与交流

师生活动： 各小组派代表展示本组研究成果。在展示过程中，教师适当进行追问，以明晰学生实践过程中所运用的数学知识与方法，并将要点板书出来。展示结束后进行小组自评和互评。

组1：我们小组研究的任务是八年级男生长跑成绩的调查与分析。我们想通过统计调查，了解八年级男生长跑成绩的总体情况。我们一共经历了收集数据、整理数据、描述数据、分析数据四个步骤。

（1）收集数据。全年级男生共333人，我们用电子表格的抽样功能进行抽样，用的是周期抽样的方法，即每间隔6个数据抽取1个，这样我们一共抽取了

55个数据（表略）。

（2）整理数据。我们把长跑成绩从高到低进行排序，然后对照评分表，得到对应的评分和等级，制作了统计表（样本数据整理表略，统计表见下）。

等级	人数	百分比
优秀	8	14.5%
良好	9	16.4%
及格	36	65.5%
不及格	2	3.6%

这个步骤把长跑成绩转化为相应分数和等级。在此过程中，我们组进行了合理分工。一组四个人，负责确定评分和等级，在电脑上记录和统计，然后把统计的数据报给另一组；另一组两个人，根据报过来的数据制作统计表。

（3）描述数据。我们利用电子表格绘制了如下所示的条形图和扇形图。

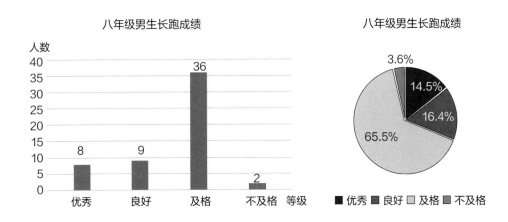

（4）分析数据。利用电子表格的函数功能，我们计算了样本数据的平均数、中位数、众数和方差。平均数是75.8分，中位数是74分，众数是74分，方差是106.6。根据统计图表和计算结果，我们可以估计，八年级男生长跑成绩优秀和良好的占比较低，分别在15%左右，大部分男生长跑成绩为及格。平均数的结果也显示，男生长跑成绩的平均水平为及格。从中位数的结果估计，有一半男生的长跑成绩大于或等于74分，有一半男生的长跑成绩小于或等于74分。从方差的结果和排序后的数据可以看出，男生长跑成绩的极差是60，波动比较大；另外成绩偏低的人比较多，低于70分的有12人，占比21.8%。因此，男生的长跑还要加强训练，一方面要提高优秀和良好比例，另一方面成绩差的同学要争取及格或提高分数，缩小差距。

师：由样本数据的特征来估计八年级男生的整体情况，这体现了统计中的什么思想？

生：用样本估计总体的思想。

组2：我们小组研究的任务是肺活量与长跑成绩的关系。我们也大致经历了以下几个过程。

（1）收集数据。利用电子表格的抽样功能，用随机的方法，确定样本数为50后进行抽样，结果得到46个男生的肺活量和长跑成绩，我们感到很疑惑，信息科技老师解释说电子表格随机抽样可能会出现数据重复的情况。

（2）整理数据。将这46组数据按肺活量数值从小到大进行排序，先从表格中观察长跑成绩是否具有随肺活量增大而提高的趋势。我们发现，肺活量数值越大，长跑用时越少，长跑成绩越好。如果长跑成绩直接用时间值表示，并不方便观察，于是我们将长跑成绩用对应的分数进行表示。（表略）

长跑成绩随肺活量增大而提高的变化趋势在表格中表现不明显，于是我们绘制散点图进行观察。

（3）描述数据。我们利用电子表格绘制如下图所示的散点图。

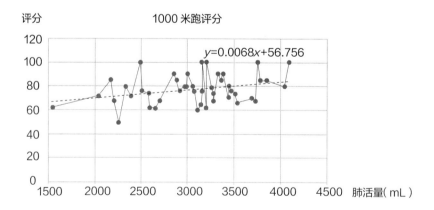

（4）得出结论。观察散点图，图象的上升趋势也不是很明显，用趋势线进

行预测，图象总体呈上升趋势，但这条趋势线比较平缓，因此我们的结论是，长跑成绩与肺活量的大小有一定的关系，但相关性不是很高。

组3：我们小组研究的任务也是肺活量与长跑成绩的关系，我们组是用等级优秀来描述肺活量大和长跑成绩好的。我们组的研究思路是：假设肺活量优秀的同学中 $x\%$ 的同学长跑成绩优秀，所有的同学中 $y\%$ 的同学长跑成绩优秀，若 $x\% > y\%$，即可以认为肺活量大的同学长跑成绩普遍好；反之，肺活量大的同学长跑成绩不一定好。通过分别计算男女生相关数据，来验证长跑成绩与肺活量之间的关系。统计结果见下表。

男生肺活量优秀人数	7	男生总数	66
其中长跑成绩优秀人数	1	其中长跑成绩优秀人数	10
百分比	14.3%	百分比	15.2%
女生肺活量优秀人数	9	女生总数	56
其中长跑成绩优秀人数	2	其中长跑成绩优秀人数	11
百分比	22.2%	百分比	19.6%

14.3%<15.2%，22.2%>19.6%，根据样本数据，男生中肺活量大的同学的长跑成绩优秀率略低于所有男生的长跑成绩优秀率，女生中肺活量大的同学的长跑成绩优秀率略高于所有女生的长跑成绩优秀率，所以肺活量大的人长跑成绩好在本年级学生中体现得并不明显。我们组得出的结论是，长跑成绩的好坏与肺活量大小没有必然的关系。

学习评价

　　各小组展示交流本组的研究思路、过程和成果，不同小组研究问题的方法多样、开放，小组合作效率不断提高。研究任务的顺利完成帮助学生积累了很好的活动经验。

第三课时：BMI数据的研究与展示

任务1：本班学生BMI数据的调查分析

师生活动：教师从生活中常见的比胖瘦引入BMI的主题研究，学生展示

BMI的相关知识。各小组分工合作，对本班同学的BMI数据进行调查统计。（等级分布数据分别见下表和下图。）

等级	女生人数	男生人数	合计	百分比
低体重	0	1	1	2.0%
正常	19	16	35	71.4%
超重	1	6	7	14.3%
肥胖	3	3	6	12.2%
总计	23	26	49	100%[①]

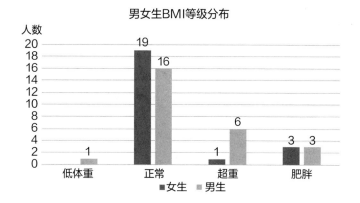

男女生BMI等级分布

> **学习支架**
>
> 　　为各小组提供本班学生的身高体重数据以及八年级学生BMI等级评价标准。为各小组提供两台笔记本电脑，电脑上拷贝有学生的身高体重数据电子版和电子表格操作的微课视频（BMI的计算）。教师指导各小组合理分工协作，及时对学生的困难予以帮助。

> **学习评价**
>
> 　　各小组能合理分工，利用信息技术较高效地完成本班学生BMI数据的调查与分析工作。

---

① 注：因前面数据四舍五入误差导致总计为99.9%，进位至100%。

任务2：BMI计算方式合理性的探究

师生活动： 学生将本班BMI数据与班级学生实际胖瘦情况进行比对，检验BMI计算结果是否与实际情况相符，通过身边的实例感受BMI结果的合理性。教师通过问题引发学生思考，自然引入探究的主题。学生在教师的带领下追溯BMI的历史研究过程，逐步明晰探究思路，展开小组合作探究。

师：请将BMI的数据结果与同学们的实际胖瘦比对一下，是否与实际情况基本相符呢？

生：BMI的数据结果与同学们的实际胖瘦情况基本上是一致的。

师：同学们有没有思考过，BMI为什么用 $\dfrac{W}{H^2}$ （H为身高，W为体重）这个表达式来计算？

生：想过，但不知道从哪里入手来探究这种计算方式的合理性。

师：我们一起来追溯BMI的历史，看同学们能否从中获得启发和思路。

教师PPT展示BMI历史：

凯特勒，19世纪比利时的统计学家、数学家和天文学家，BMI的发明者。1835年，凯特勒在他出版的书中谈道，在年轻人的生长过程中，在三个简单的计算公式 $\dfrac{W}{H}$、$\dfrac{W}{H^2}$ 和 $\dfrac{W}{H^3}$ （W为体重，H为身高）中，$\dfrac{W}{H^2}$ 更稳定。但他的这个关于 $\dfrac{W}{H^2}$ 的描述很快就被淹没在历史中，之后很长时间没有人再提起此事，直到1972年基斯的文章。在此期间，1897年利维提出了"重量指数"（ponderal index，PI）的概念，重量指数（PI）$= \dfrac{\sqrt{W^3}}{H}$，之后谢尔顿尝试把这个比例反过来，就是 $\dfrac{H}{\sqrt{W^3}}$，但这些算法因误差较大，难以被人们接受。直到1972年，美国明尼苏达大学的基斯发表了一篇重要论文，确定了体重指数BMI $\left(\dfrac{W}{H^2}\right)$ 是单位面积的重量，而不是单位体积的重量。

师：同学们可以看到，关于比胖瘦，其间探索了不同的计算方法。一些计算方法被舍弃的原因是计算结果与实际误差较大，也有的表达式的含义不合理，比如$\dfrac{W}{H}$，你能从数学表达式的角度，说明$\dfrac{W}{H}$为什么不合理吗？

生：它表示的含义是单位长度的重量，显然求平均体重时把人看成一条线段不合理。

师：在对BMI历史了解的过程中，你有没有找到探究BMI计算方法合理性的思路？请各组进行讨论交流。

生：可以从表达式的含义和计算结果两个角度尝试探究。

师：同学们先探究$\dfrac{W^2}{H^2}$、$\dfrac{H^2}{W}$这两个表达式是否可行。

学生成果展示见下表。

序号	姓名	性别	身高H（m）	体重W（kg）	等级	$\dfrac{W}{H^2}$	$\dfrac{W^2}{H^2}$	$\dfrac{H^2}{W}$
1	刘×萱	女	1.72	49	正常	16.56	811.6	0.1
2	向×薇	女	1.67	47	正常	16.85	792.1	0.1
3	蔡×琳	女	1.59	42	正常	16.61	697.8	0.1
4	童×	女	1.60	45	正常	17.58	791.0	0.1
5	李×慧	女	1.57	44	正常	17.85	785.4	0.1
6	张×涵	女	1.55	47	正常	19.56	919.5	0.1
7	肖×彤	女	1.54	45	正常	18.97	853.9	0.1
8	肖×薇	女	1.58	48	正常	19.23	922.9	0.1
9	张×雨	女	1.67	57	正常	20.44	1165.0	0.0
10	黄×晰	女	1.55	49	正常	20.40	999.4	0.0
11	陈×轩	女	1.60	49	正常	19.14	937.9	0.1
12	王×彬	女	1.61	53	正常	20.45	1083.7	0.0
13	费×淇	女	1.62	54	正常	20.58	1111.1	0.0
14	王×怡	女	1.58	49	正常	19.63	961.8	0.1

通过计算结果可以看到$\dfrac{H^2}{W}$结果的极差为0.1，不易划分区间，但实际胖瘦

差异很大，根据$\dfrac{H^2}{W}$这个计算结果，部分学生之间差异为0.0，这与实际误差太

大，这个计算方法不合理。$\dfrac{W^2}{H^2}$的结果则较大，放大了实际应有的差异，从10

号和14号的身高体重数据看，她们的胖瘦程度差不多，但$\dfrac{W^2}{H^2}$的结果相差了30

多，并且这个表达式的实际含义也不合理。

师：$\dfrac{W}{H^3}$从物理学角度来讲被认为是最合理的参数，一开始就被引入相对

体重的计算中，最后为什么确定为$\dfrac{W}{H^2}$呢？请同学们继续探究。

学生成果展示见下表。

序号	姓名	性别	身高H（m）	体重W（kg）	等级	$\dfrac{W}{H^2}$	$\dfrac{W}{H^3}$	$\dfrac{W}{H}$
1	罗×曦	男	1.80	55	正常	16.98	9.43	30.6
2	宰×铄	男	1.58	39	低体重	15.62	9.89	24.7
3	龚×悦	男	1.72	51.5	正常	17.41	10.12	29.9
4	甘×俊	男	1.71	51.5	正常	17.61	10.30	30.1
5	王×志	男	1.77	58	正常	18.51	10.46	32.8
6	刘×维	男	1.70	52	正常	17.99	10.58	30.6
7	陈×	男	1.78	61	正常	19.25	10.82	34.3
8	毛×添	男	1.75	58	正常	18.94	10.82	33.1
9	田×跃	男	1.77	64	正常	20.43	11.54	36.2
10	肖×锐	男	1.73	62	正常	20.72	11.97	35.8
11	郝×赫	男	1.71	60	正常	20.52	12.00	35.1

生：如果按照$\dfrac{W}{H^3}$结果划分胖瘦等级，我们班就出现了与实际不符的结

果。2号小宰同学实际看起来明显比1号小罗同学要瘦一些，按照$\dfrac{W}{H^3}$的结果却

比小罗同学胖，这与实际不符。按这种计算方式的结果对八年级同学进行胖瘦

评价，出现了较多与实际不符的情况。

所以 $\dfrac{W}{H^3}$ 虽然从表达式的意义上看是最合理的，但 $\dfrac{W}{H^2}$ 的结果与实际情况的吻合度更高。我想当年凯特勒认为 $\dfrac{W}{H^2}$ 更稳定，一定也是在大量统计的基础上发现 $\dfrac{W}{H^2}$ 与实际情况的匹配度更高。

学习支架

BMI历史的追溯启发了学生的研究思路。

学习评价

学生能在获得引导和启发后，明确探究BMI合理性的方向，在解决现实开放性问题的过程中，增强了实践能力和用数据说话的意识。有学生认为：这次统计调查活动非常有意思，在活动中学到了很多信息技术。在和同学们合作的过程中体会到了团结协作的力量，大家一起讨论，问题慢慢就解决了；学会了如何做好规划以及有条理、有逻辑地做事；体会到了在统计中，要以数据为依据下结论、做判断。不过，课外准备工作做得不够好，有些信息技术没有提前学习，课堂上有点忙乱，这是要改进的地方。

特色点评

本课例是以统计为主题，融合信息科技和体育与健康知识的跨学科主题学习活动，活动内容具有真实性与现实意义，实践过程具有可行性和开放性，体现了跨学科学习的新方式。

1. 创设现实情境，形成数据观念

本课例以学生身边的真实情况——体质健康测试为背景，通过对体质健康的重要性和体质健康测试的相关知识的介绍，以及学生自身体质健康数据的了解，激发学生开展体质健康调查的欲望。每一个活动任务都以学生感兴趣、具

有现实意义的问题为引领，这些问题需要用统计的方法予以解决，得出结论需要以数据为依据。这些现实问题的解决体现了统计学习的必要性，有助于学生形成数据观念，养成重证据、讲道理的科学态度。

2. 经历统计过程，落实核心素养

本课例通过综合性实践活动，让学生完整经历收集、整理、描述、分析数据的全过程，呈现了统计学研究问题的全貌。学生在解决实际问题的过程中，合理抽样、分类、排序，选择恰当图表描述、分析数据，能从数学的角度提出问题并分析问题、解决问题，这些都有助于提升学生的数据观念、模型观念，发展学生的应用意识和创新意识。

3. 结合实际需求，积累活动经验

教师根据班级学生实际，设计课内为主、课外为辅的活动实施策略，学生在课内积极参与研究，小组活动开展得充分有效。学生在学习、参与、实践的过程中，逐步积累活动经验，提高了活动能力。

4. 融合信息技术，提高活动效率

学生在解决问题的过程中，合理有效利用电子表格的功能进行计算、绘图，使统计的过程变得便捷、高效，从而学生能更集中精力认识、理解统计的方法和思想，顺利解决实际问题。

体育运动与心率
——融合函数知识的教学实践①

本课例综合运用数学和体育与健康、生物学、信息科技等学科的知识和思想方法，通过项目式学习的方式，从函数的角度融合探究体育运动与心率的现实问题。探究活动以课内、课外相结合的方式展开，学生以小组为单位发现并提出问题，设计并实施实验，收集并整理数据，最后借助计算机软件建立相关函数模型，并根据模型对科学运动提出合理建议。项目以活动育人，学生在项目研究过程中发展了抽象能力、运算能力、数据观念、模型观念、应用意识和创新意识等核心素养。

> **课例名片**
>
> 👤 **年 级：** 九年级上学期
>
> 📅 **总课时：** 3课时
> （课内2课时，课外1课时）
>
> 🗂 **学 科：** 数学、体育与健康、生物学、信息科技

主题分析

学生完成"体育运动与心率"的项目式学习，首先要收集体育运动过程中实时变化的心率数据，所以该项目式学习涉及体育与健康学科；此外，体育运动之所以能引起心率的变化，需要生物学的知识来解释；最后，学生需要借助信息技术分析实验数据并建立函数模型，通过分析函数模型对科学运动提出合理建议。因此，该项目式学习主要运用数学中函数的相关知识，以及体育与健康、生物学、信息科技等学科知识。

（一）课程标准要求

2022版课标在"函数"的教学提示部分强调，"通过对现实问题中变量的

---

① 设计与执教者：王浩（华中科技大学附属中学）。修改与点评者：周远方、肖文记。

分析，建立两个变量之间变化的依赖关系"，并"用函数表达变化关系的实际意义"。"在教学过程中，要关注数学知识与实际的结合，让学生在实际背景中理解数量关系和变化规律，经历从实际问题中建立数学模型、求解模型、验证反思的过程，形成模型观念；要关注基于代数的逻辑推理，……能在比较复杂的情境中，提升学生发现问题和提出问题、分析问题和解决问题的能力，以及有逻辑地表达与交流的能力"。

在学业要求部分强调："能找出变量之间的数量关系及变化规律，形成初步的抽象能力"；"能结合函数图象对简单实际问题中的函数关系进行分析，结合对函数关系的分析，能对变量的变化趋势进行初步推测"。

（二）核心素养表现

1. 抽象能力的具体行为表现。学生需要从"体育运动与心率"的现实问题中抽象出要研究的数学问题，以及研究问题的数学工具，还需要从中抽象出核心变量、变量的规律及变量之间的关系等，这些都可以培养学生的抽象能力。

2. 数据观念的具体行为表现。学生在课外实践活动中收集运动时间及对应的心率等数据，这些数据可能具有一定的随机性，学生需要采取合适的方法分析这些数据，从而找出数据背后蕴含的规律和逻辑。学生知道可以用定量的方法描述随机现象的变化趋势，感知大数据时代数据分析的重要性。

3. 运算能力的具体行为表现。学生需要利用计算机软件和学习工具建立模型，应用Excel软件绘制散点图，利用Mathematica软件拟合曲线，能恰当利用运算工具辅助计算有关函数中复杂的运算问题，感悟算法思想在解决函数问题中的意义和作用。

4. 模型观念的具体行为表现。学生需要借助一次函数和二次函数等函数模型分析运动过程中心率随时间变化的情况及趋势，用数学符号建立函数模型来表示问题中的数量关系和变化规律，并运用模型分析的结果预测实际情况，以此培养模型观念。

5. 应用意识和创新意识的具体行为表现。学生学习函数的相关知识，并将这些知识用于探究"体育运动与心率"的现实关系问题，在探究心率随时间变化的趋势过程中可能会遇到重重困难，有些实际困难不能从书本中找到解决办法，学生需要通过小组交流、头脑风暴等形式解决困难，并且要敢于质疑与发问，这些都有利于培养学生的应用意识和创新意识。

（三）项目内容分析

从知识上看，学生已经学习了函数的定义与函数图象的画法，以及一次函数、二次函数等初等函数，并且对这些函数的图象与性质都有了深入的了解，能通过图象大致判断函数类型。从能力上看，九年级的学生已经能够进行一些简单的数据收集与整理工作，也能将一些简单的实际问题抽象为数学问题，并通过简单的数学建模解决实际问题。

然而，本项目探究所涉及的实际问题较为复杂，体育运动的形式多、范围广，对心率的影响因素多，且影响程度不同，学生难以选择合适的子课题，在设计具体可行的研究方案方面也有难度。另外，学生虽然能够根据图象猜测函数类型，但他们所学知识有限，数学建模方法单一，且此前没有接触过利用计算机软件进行数据分析与曲线拟合，也不了解模型优化的原理，所以在具体的建模活动中会遇到很多困难，需要教师适时引导。

本主题学习活动由数学教师主导实施完成，可以联合其他学科（如体育与健康、生物学）教师或者班主任一起完成。结构图如下所示，这是一个开放性的活动，倡导通过团队合作的形式解决。学习过程分为课内、课外两部分：课外主要是提出研究问题、设计实验方案、获取数据；课内主要是在教师的引导下，整理和描述数据，利用数学、体育与健康、生物学以及信息科技等学科知识分析数据之间的关系。

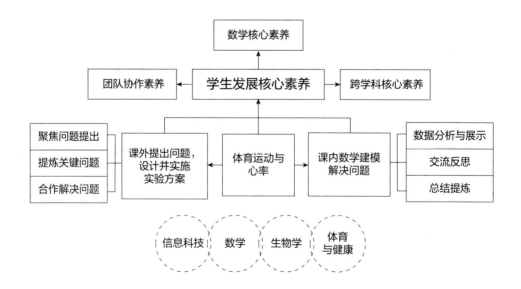

项目说明

（一）核心问题

基于以上分析，本项目需要解决的核心问题是：在体育运动过程中，心率对于运动效果和运动安全都很重要，那么体育运动与心率有着怎样的关系呢？

（二）项目目标

1. 在跨学科学习情境中，经历"体育运动与心率"课题研究的全过程，体验建立函数模型解决实际问题的一般方法，体会数学的跨学科应用价值，发展抽象能力和模型观念。

2. 在课题选题、开题和做题的研究活动中，经历收集、整理和分析运动时间及对应的心率等数据的基本过程，加深对函数概念和性质等知识的理解，体会函数的应用价值，发展数据观念、应用意识和创新意识。

3. 在课题结题的展示活动中，经历从实际问题中建立数学模型、求解模型、验证反思和交流表达的探究过程，积累数学建模的活动经验，发展抽象能力、推理能力和运算能力。

4. 在"体育运动与心率"的项目式学习活动中，经历融合数学与其他学科知识来解决问题的过程，了解体育运动的功能与生理机制，学会科学运动，养成积极乐观的生活态度，在合作解决困难、完成任务的过程中，增强合作意识和人际交往能力。

（三）实施策略

"体育运动与心率"项目式学习除课前布置任务外，主要分三个课时完成。第一课时为课内课时，教师首先展示课前任务单，然后学生在教师的引导下完成选题，再以开题报告表的形式完成开题；第二课时为课外课时，主要是学生根据开题报告表中拟定的研究方法与步骤展开实验，并在教师的引导下收集实验数据、建模分析数据、检验优化模型及分析得出结论等；第三课时为课内课时，学生展示研究成果并相互评价，课题结题。该项目实施流程如下页图所示。

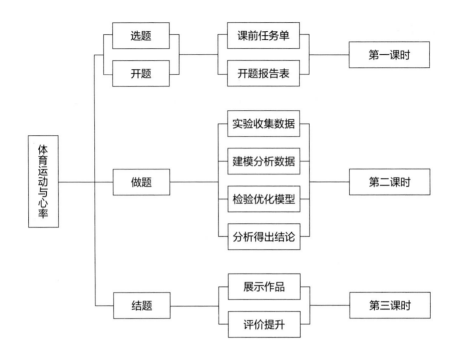

（四）学习资源

本项目主要使用函数模型研究心率与运动时长的关系，需要用电子表格绘制和拟合函数图象，也可以利用Mathematica和MATLAB等功能更加全面的数学软件，来帮助学生更好地完成个性化研究。

课堂实录 ·······································

课前：导入任务

师生活动：教师播放视频，引导语如下——

伏尔泰说："生命在于运动。"随着全国"双减"政策落地，我们参加体育运动的时间比以往更加充裕。不论何种形式的运动，都要有一个合适的心率范围，保持最佳运动心率对于运动效果和运动安全都很重要。那么，运动心率达到多少较为合适？运动中的哪些因素会影响心率？能否运用数学知识来研究这种影响？

师：请大家利用课余时间，自主查阅相关文献，并完成课前任务单上的三个任务（见下图）：

课前任务单

任务1：了解运动中合适的心率范围。[提示：针对不同的运动状态或运动目的（如热身、减脂、有氧耐力、无氧耐力等），最佳运动心率的范围不同。]

任务2：分析运动过程中影响心率快慢的主要因素。

任务3：你能联想到哪些数学知识来研究这些因素对心率快慢的影响？请说明理由。

学习支架

教师自制视频导入，并为全体学生发放课前任务单。

学习评价

学生观看视频后，对体育运动和心率的探究活动表现出较大的学习热情和探究欲望，愿意接触新鲜事物，并期待后续研究。另外，家长反馈学生在家查阅资料的积极性很高。

第一课时：选题与开题

任务1：学生展示课前预备任务完成情况

师生活动：学生根据课前查阅的相关文献，梳理出体育运动中影响心率的诸多因素，明确运用统计和函数的知识来研究这些因素对心率的影响，并在教师的引导下，选出可量化、好测量的因素作为函数模型的自变量。

师：相信大家已经查阅了相关文献，并完成了课前任务单。现在，哪名同学想上台展示一下你的完成情况？

生：对于第一个任务，我首先查阅到心率指的是心脏1分钟跳动的次数。

一般来说，每个人都有一个最大心率，最大心率约等于220减去年龄。热身运动合适的心率范围是最大心率的50%～60%，减脂运动合适的心率范围是最大心率的60%～70%，有氧耐力和无氧耐力训练的合适心率范围分别为最大心率的70%～80%以及80%～90%。对于第二个任务，运动过程中影响心率快慢的主要因素有年龄，年龄越大，心率越慢；有性别，女性的心率一般比同龄男性快；有运动强度，运动强度越大，心率越快；还有时间、情绪，以及是否服用药物；等等。对于第三个任务，我认为可能会用到统计的知识来进行研究，因为研究过程中需要统计不同的心率值，并且有可能计算平均心率。

师：完成情况不错，这名同学想到我们在研究过程中可能需要用到统计的知识来收集和整理心率的数据，非常好！还有同学想进行补充吗？

生：我认为第二个任务中，影响心率快慢的主要因素还有运动类型和运动项目，运动类型包括有氧运动和无氧运动，运动项目包括跑步、篮球、跳绳等。

师：是的，运动类型和运动项目确实是很重要的影响因素。还有吗？

生：第三个任务，我认为还可以用函数的知识来研究这些因素对心率的影响，因为心率随着这些因素的变化而变化。

师：找得很准！那你还记得函数的定义吗？

生：y 随 x 的变化而变化。

师：还有呢？

生：对于一个 x，只有一个 y 与它对应。

师：同学们基本说出了函数的主要特征，下面，请大家把函数完整的定义齐读一遍。（播放课件。）

生：在一个变化过程中，如果有两个变量 x 和 y，并且对于 x 的每一个确定的值，y 都有唯一确定的值与其对应，那么我们就说 x 是自变量，y 是 x 的函数。

师：非常好！综合这两名同学所说的，我们可以尝试运用统计和函数的知识来研究体育运动与心率的相关问题。那么，函数就需要确定两个变量（圈出关键词"两个变量"），这里谁肯定是其中的一个变量呀？

生：心率。

师：很好，大家认为哪个因素可以作为另一个变量呢？

生：运动时间、性别、强度。

师：大家说得都很好，但是函数所研究的两个变量应该是什么呀？（圈出关键字"值"。)

生：值、数值。

师：很好，简单来说就是数，那很明显，性别就不属于这一类变量，而强度在某种意义上虽说可以用数值来表示，但以我们现有的条件来看不易采集，所以，不妨就将两个变量聚焦为心率与运动时间。

> **学习支架**
>
> 　　学生在诸多影响因素中难以准确找出建立函数模型需要的变量。教师展示函数的定义，启发学生发现函数所研究的变量应具有可量化的特点，并且尽量选择在实际操作中容易测量和收集的影响因素作为自变量，最终将两个变量聚焦为心率与运动时间。

> **学习评价**
>
> 　　学生能较好地完成课前预备任务，为后续研究的展开奠定基础。虽然不能独立准确找出核心变量，但能够在教师的引导下发现体育运动与心率研究的主要对象，确定心率随运动时间的变化而变化，再借助函数模型寻找变化规律。

任务2：提出具体、可操作的子课题

师生活动：根据函数的定义，明确心率与运动时间的函数关系应该放到一个具体的变化过程中去研究，从而引发学生思考，选择在何种变化过程中进行研究。在此基础上分小组讨论，拟定本小组想要研究的具体子课题，将"体育运动与心率"的课题研究进一步聚焦。待学生自拟子课题后，邀请生物学和体育与健康学科的两位教师从各自专业出发，阐述这些子课题的理论依据和研究价值，并共同挑选出三个子课题进入后续研究。学生也合并为三个小组，每个小组确定一位指导教师。最后由数学教师从函数角度点评这三个子课题研究的数学本质。

师：根据函数的定义，我们知道，心率与运动时间的函数关系应该放到一个具体的变化过程中去研究，你能想到哪些具体的变化过程？

生：跑步、跳绳、打篮球等。

师：很好！这些运动过程都是心率随运动时间变化的真实过程。其实，我们还可以根据运动人员的不同（如性别、年龄等），将变化过程描述得更加具体，如"男生跑步时心率随时间变化的研究"等。下面，请每个小组讨论并确定一个更加具体的子课题，我将和生物学老师以及体育与健康老师一起挑选出三个子课题供后续研究，并参与指导。

学生讨论，三位教师巡视。

师：讨论结束！请各小组长依次上台写出你们组的子课题，并简单说明理由。

组1：我们的子课题是"在跳绳运动中探究心率随时间变化的趋势"。因为我们体育中考中有一项就是跳绳。

组2：我们选择的变化过程是跑步，同时还考虑了性别的影响，所以我们的子课题是"探究跑步运动中男女生心率随时间变化的区别"。

组3：因为我们组有一名同学在之前运动会跑800 m的时候没有热身，导致比赛过程中小腿抽筋，所以我们的子课题是"热身运动中心率随时间的变化研究"，并且我们想结合热身运动的心率范围，找出最佳的热身时长。

组4：由于我们每天大课间要跑操，所以我们的子课题是"跑操运动中心率随时间的变化研究"。

组5：我们与组2一样，也想到了性别的影响，但是我们认为跑步可以再具体到慢跑，所以我们的子课题是"探究慢跑运动中男女生心率随时间变化的情况"。

组6：我们小组想研究有氧运动和无氧运动的区别，所以我们的子课题是"研究有氧运动和无氧运动中心率随时间变化的情况"。

师：大家都很有想法！我们先听一下生物学老师和体育与健康老师的意见。

师（生物学）：组2和组5同时考虑到了性别的差异，那我建议两个小组可以合并研究，子课题确定为"慢跑运动中男女生心率随时间变化的对比研究"。从生物学的角度来看，这是很有研究价值的，因为男生血液中红细胞浓度大约比女生多出20%，而红细胞专门负责体内氧气的运输，为全身细胞提供能量，体育运动就是一个消耗能量的过程，所以男女生这种生理上的差异就会导致运动中心率的不同。那么，随着运动时间的增加，男女生的心率到底会有怎样的不同？老师期待着你们的研究成果。

教师板书子课题①：慢跑运动中男女生心率随时间变化的对比研究。

师（体育与健康）：热身是我们每次上体育课要做的第一件事情，它能直接促进心率的提高，加快呼吸的频率，增加血流量，帮助运送氧气和营养物质给肌肉，从而让身体循序渐进地进入最佳状态，避免发生运动伤害，所以我认为组3的研究是非常有价值的。一般在长跑比赛前，我们可以通过慢跑进行热身，所以我们不妨将热身运动具体到慢跑。另外，组6想研究有氧运动和无氧运动，想法很好，但是从体育学的角度来看，有氧运动和无氧运动之间并没有严格的区分，它们很少独立存在，很难进行对比研究，所以我建议组6与组3跟我一起研究慢跑热身。

教师板书子课题②：以慢跑为例的热身运动中心率随时间变化的情况。

师：最后还剩组1和组4，这两个小组的子课题只有运动项目不同，一个是跳绳，一个是跑操，也就是慢跑，建议两个小组合作进行对比研究，子课题确定为"慢跑和跳绳运动中心率随时间变化的对比研究"，大家看怎么样？

生：可以！

教师板书子课题③：慢跑和跳绳运动中心率随时间变化的对比研究。

师：那么，我们就选出了三个子课题。第一个子课题本质上是在两个变化过程中研究心率随时间变化的情况，一个是男生慢跑的变化过程，一个是女生慢跑的变化过程，然后将这两种函数关系进行对比，你们的指导老师是生物学老师；第三个子课题同样涉及两个变化过程，一个是慢跑，一个是跳绳，指导老师是我；第二个子课题则只研究慢跑这一个变化过程，相信也会有不错的成果，你们的指导老师是体育与健康老师。接下来，请大家在指导老师的帮助下共同完成开题报告。

学习支架

教师首先给出子课题的范例，如"男生跑步时心率随时间变化的研究"，然后在学生自主提出子课题的基础上，最终确定三个子课题：①慢跑运动中男女生心率随时间变化的对比研究；②以慢跑为例的热身运动中心率随时间变化的情况；③慢跑和跳绳运动中心率随时间变化的对比研究。

> **学习评价**
>
> 　　学生自主讨论并提出本小组感兴趣的子课题，既将研究课题进一步聚焦，又激发了研究兴趣。同时可以看出，学生选择的子课题存在以下问题：组6的子课题过于理想化，无法严格区分有氧运动和无氧运动，实际操作难度太大；组3的子课题对运动情境的描述不够具体，如慢跑、拉伸、原地跑跳等都属于热身运动；组2和组5的子课题则较为相似，可以一起研究。

　　生物学和体育与健康两位教师现身数学课堂，对这些子课题从专业角度进行点评，肯定学生所选子课题的研究价值，并最终确定相关子课题，为学生的后续研究提供动力。邀请生物学和体育与健康两位教师各担任一个小组的指导老师，帮助学生完成后续研究，加强学科融合。

任务3：完成并展示开题报告

　　师生活动：三位不同学科（数学、体育与健康、生物学）教师指导学生完成开题报告，小组讨论具体的研究方案，包括如何获取运动时间和心率的数据、如何整理与分析数据等，最后上台展示开题报告，教师给予适当点评。下表是其中一个小组的开题报告。

课题名称	慢跑运动中男女生心率随时间变化的对比研究				
小组名称	YOUTH小组	**小组负责人**	小郑	**指导教师**	生物学老师
研究目的	性别的不同会导致运动中心率的变化也不同，那么这种心率上的差异到底有多大？我们希望通过数学实验进行探究				
研究方法与步骤	1. 上网了解男女生运动中心率差异的大致情况 2. 将实验者分为三组，每组一个男生和一个女生，同时进行慢跑 3. 将收集的数据用电子表格汇总，初步通过平均心率对比男女生差异 4. 若表格不易观察，就绘制出图象进行观察 5. 将图象进行一次函数或二次函数拟合后再对比				
可能遇到的主要困难	一次函数或二次函数拟合后，不知道从哪些方面进行分析对比				
成果的呈现方式	课件和相关研究汇报材料				

师：YOUTH小组的研究方法和步骤非常详细，至于函数拟合后的对比分析，可以从心率大小或心率变化快慢等方面进行比较。

学习支架

　　教师为每个小组发放开题报告表，并分别深入各小组与学生共同讨论开题报告。

学习评价

　　学生完成开题报告，分析整理研究思路和研究方法，提前思考可能遇到的困难以及解决方案。学生通过小组讨论确定组员的分工安排，在过程中提升合作意识。

第二课时：课外活动

任务1：收集数据

【困难1】运动过程中难以准确测量瞬时心率。

　　师：利用智能手环的监测心率功能，或者手动搭脉记10秒的脉搏跳动次数，再乘6就可以得到心率数值。

【困难2】数据测量存在误差。

　　师：可以让小组内多名同学多次测量取平均值，且每次测量前保证足够的休息时间，以回到运动前的状态与心率。

学习支架

　　提前打印学生记录数据需要的表格，并为学生提供记录时间的秒表，以及监测实时心率的电子手环等工具。

学习评价

　　学生基本能够按照提前设计的分工完成实验。为了减少个体差异对结果的影响，学生选择的实验者体质相近，且在跑步时通过并排跑的方式控制相同的运动强度等。这些实质是控制变量的方法的应用，说明学生确实能够将所学知识运用到实际生活中。

任务2：分析数据

【困难3】取得数据后不知道先描绘和观察散点图。

　　师：将数据可视化，选定合适的横、纵坐标绘制散点图。

【困难4】绘出散点图后无法将散点图反映出的规律抽象为数学语言。

　　师：先用自然语言描述规律，再将自然语言转化为相应的数学语言。

学习支架

　　教师为学生示范电子表格处理数据的功能。

学习评价

　　在传统的学习中，学生主要通过笔算的形式计算数据的统计值，如平均数和方差等，但当数据量较大时，必须借助图形计算器等数学软件辅助计算。此外，为了更直观地看到心率随时间的变化情况，还可以借助电子表格描点作图。学生在使用图形计算器、电子表格等学习工具的过程中体会到信息技术带来的便利。

任务3：初步建立函数模型并进行分析

【困难5】数据拟合后不知道选取哪种函数模型。

　　师：注意图形与数据的匹配程度并联系实际情况。

【困难6】不知道如何判断所建立模型的合理性。

　　师：匹配程度好则预测值与实际值差距较小。可以比较每组数据的预测值与实际值的差距，进而说明问题。

学习支架

　　为学生示范电子表格拟合函数的功能，并提供Mathematica使用的技术支持，让学生可以借助多种函数模型来研究心率随时间变化的趋势。

学习评价

　　学生主要使用已经学过的一次函数和二次函数等函数模型拟合实验数据，再根据一次函数和二次函数的性质分析并预测心率随时间变化的趋势。虽然拟合程度并不是很完美，但学生已经掌握运用函数模型研究相关变量的方法。

第三课时：作品展示与交流

任务：分组展示研究成果

师生活动：小组项目负责人展示研究成果，其他小组成员做好记录，可在展示结束后提出疑问，由展示小组负责解答，小组互评和教师评价相结合。

学生作品展示：

作品名称：慢跑和跳绳运动中心率随时间变化的对比研究。

研究目的：不同的运动项目中，心率随运动时间的变化趋势不同，选取慢跑和跳绳两种生活中常见的运动项目，建立函数模型研究这两种运动中心率随时间变化的趋势，通过对比，可以更直观地了解这两项运动各自的优势，从而帮助我们达到最佳的运动效果。

实验方法与步骤如下：

（1）查找与慢跑和跳绳有关的资料，了解这两种运动适当的运动强度。

（2）结合查阅的文献以及自身感受，保证实验过程中这两种运动的强度相当。为了避免个体的差异性，两种运动都选择同一人进行测试，且不同运动之间保证足够的休息时间以使实验者恢复到平静状态。为了减小实验误差，排除性别因素，使实验结果更有说服力，计划安排五名男生同时进行实验，并记录每名同学的心率数据。

（3）将记录的数据整理后输入电子表格，绘制出散点图来观察两种运动的区别，再结合实际，选择合适的曲线进行拟合，并得到函数解析式，最后通过函数的性质进一步分析两种运动中心率变化的区别，并对长时间运动后的心率情况进行预测。（慢跑心率与跳绳心率的实验数据统计表略。）

　　如图①所示，先取一名同学的慢跑与跳绳心率绘制函数图象，可以看出跳绳时心率基本高于慢跑心率。但只取一名同学的数据可能产生的实验误差较大，所以采用五名同学的平均心率，再次绘制如图②所示的慢跑与跳绳心率随时间变化的函数图象。

　　由此得出第一个研究结论：相同运动时间，跳绳时的心率普遍高于慢跑时的心率。

　　为了更好地比较何种运动下心率随时间增加得更快，采用一次函数对以上两个函数图象进行拟合。（见图③）

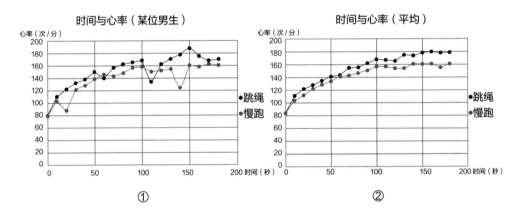

① ②

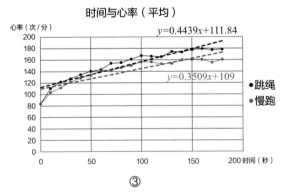

③

　　比较一次函数斜率，从而得出第二个研究结论：跳绳运动中，心率随时间上升的速度更快。

　　通过图③可以直观地看出，一次函数拟合效果并不算好，因此重新考虑选择使用二次函数模型对数据点进行拟合（见下图），二次函数拟合效果明显好于一次函数。

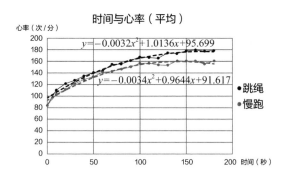

　　曲线拟合的一个重要功能是预测，然而心率不会随时间增加而不断增加，也不会出现明显下降，所以一次函数和二次函数模型都不能很好地预测长时间运动后的心率情况，所以利用学习过的反比例函数内容，再次尝试采用反比例函数模型进行拟合。

　　事实上，对于反比例函数 $y = \dfrac{k}{x}$（$k<0$），当 $x>0$ 时，y 随 x 的增大而增大，且逐渐趋于稳定，满足心率随运动时间变化的基本情况。同时，将反比例函数的图象经过适当平移后得到的函数模型 $y = \dfrac{k}{x+a} + b$（$k<0$，$a>0$，$b>0$），能更好地反映心率随运动时间变化的规律。

　　再借助Mathematica软件计算出相关系数，从而得到慢跑和跳绳运动中心率随时间变化的函数的拟合图象，如下面两幅图所示。

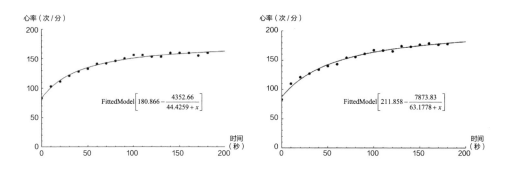

由上面图中函数解析式可以分析出，随着运动时间增加，慢跑运动时心率逐渐稳定在180次/分钟左右，跳绳运动中心率会不断趋近于211次/分钟左右。

然而，从运动健康角度考虑，运动中的心率不宜长时间超过190次/分钟，由跳绳运动的拟合函数解析式 $y = 211.858 - \dfrac{7873.83}{63.1778 + x}$ 可知，当 $y = 190$ 时，$x \approx 297$，也就是运动4～5分钟后心率会达到190次/分钟。

综合以上分析，得出第三个研究结论：跳绳运动5分钟左右就应该休息一下。

学习评价

該小组既分析了原函数图象，又分别通过一次函数和二次函数拟合的函数图象，借助一次函数和二次函数的性质，分析慢跑和跳绳两种运动中心率随时间变化的情况。最难能可贵的是，能够结合心率变化的实际情况，继续寻找新的、更贴切的函数模型来刻画心率随时间变化的情况，并且能够应用新的函数模型对科学运动提出合理建议。

反思与交流：其他小组听完该小组的成果展示后，提出如下疑问并获得相应解答。

生：（质疑）刚才你们小组得出的第一个结论是"相同运动时间，跳绳时的心率普遍高于慢跑时的心率"。我认为该结论值得商榷，有可能是因为运动强度不一样，如果慢跑的速度增加，结果可能就不一样了。

生：（解答）这名同学质疑得非常好。其实，在实验过程中，我们试图通过实验者的亲身感受，尽量保证两种运动的强度相近，但确实很难控制得使其完全一样，所以给第一个结论加上相应的限制条件后可能会更加严谨，即：在实验的运动时间和运动强度基本相同的情况下，跳绳运动的心率通常高于慢跑运动的心率。

特色点评

"体育运动与心率"跨学科主题学习解决了体育运动中心率随时间变化的相关问题，让学生感受到数学与生活、数学与其他学科的关联，体会到数学的跨学科应用价值。

1. 情境设计切合实际，有效激发学生研究兴趣

该课例的情境设计切合实际，能够让学生产生共鸣。首先，通过播放运动视频及其引导语"生命在于运动"，让学生进入体育运动的情境，提高了学生的研究兴趣。其次，教师抛出三个任务，引导学生进入思考问题的情境，激发了学生的求知欲望。最后，引导学生通过查阅资料进入文献研究的情境，帮助学生找到三个任务的答案，实现了研究的聚焦效应。

2. 所跨学科融合自然，有效发挥育人功能

该课例所跨学科融合自然，真正展现了跨学科教学的特点。一是在选题和开题过程中，邀请生物学和体育与健康教师进入课堂参与教学，这是跨学科教学的一次创新尝试。二是在学生课外实践、自主探究活动中，数学、生物学和体育与健康学科三位教师联合进行深入指导，进一步提升了学生跨学科知识的融合，有效地发挥了跨学科教学的综合育人功能。

3. 信息技术整合应用，有效提高活动效率

该课例利用信息技术辅助跨学科教学，提升了学生的综合实践能力。在课例实施过程中，学生利用计算机软件和学习工具建立模型，应用Excel软件绘制散点图，利用Mathematica软件拟合曲线，感受到信息技术在解决问题方面的优越性，有效地提高了跨学科实践活动的效率。

减速带间距的设计

——融合函数主题的家校共育教学实践[①]

本课例综合运用数学与物理、信息科技等学科的知识和思想方法，通过项目式学习的方式，从函数的角度探索校园内减速带安装的合适间距。探究活动以课内、课外相结合的方式展开，学生在教师的引导下发现并提出问题，以小组为单位设计实验方案，在家长的帮助下开展实验并收集数据，最后借助函数模型解决问题。项目重视家校共育，学生在项目中提升了抽象能力，强化了数据观念、模型观念、应用意识和创新意识。

课例名片

👤 年　级：九年级上学期

📅 总课时：3课时
（课内2课时，课外1课时）

🖥 学　科：数学、物理、
信息科技

主题分析

机动车行驶经过减速带前后要经历先减速再加速的过程，因此学生完成"减速带间距的设计"项目式学习，要运用物理学科中的匀加速直线运动和匀减速直线运动的相关知识；此外，学生在探究过程中需要借助信息技术整理实验数据并建立函数模型，通过函数模型给出校园内减速带间距设置的合理建议。因此，该项目式学习主要运用数学中"函数"的相关知识，以及物理和信息科技等其他学科知识。学生在活动中感受数学与生活、数学与其他学科的关联，积累数学活动经验，体会数学的跨学科应用价值，发展实践意识、模型观念和学习能力。

---

① 设计与执教者：王浩。修改与点评者：周远方、肖文记。

（一）课程标准要求

2022版课标在课程目标总目标中提出，学生要能"体会数学知识之间、数学与其他学科之间、数学与生活之间的联系，在探索真实情境所蕴含的关系中，发现问题和提出问题，运用数学和其他学科的知识与方法分析问题和解决问题"。

课标在"函数"部分强调"通过对现实问题中变量的分析，建立两个变量之间变化的依赖关系，让学生理解用函数表达变化关系的实际意义"。"在教学过程中，要关注数学知识与实际的结合，让学生在实际背景中理解数量关系和变化规律，经历从实际问题中建立数学模型、求解模型、验证反思的过程，形成模型观念；要关注基于代数的逻辑推理"；"能在比较复杂的情境中，提升学生发现问题和提出问题、分析问题和解决问题的能力，以及有逻辑地表达与交流的能力"。

（二）核心素养表现

1. 抽象能力的具体行为表现。学生需要将汽车通过减速带的行驶过程抽象为匀加速直线运动、匀速直线运动、匀减速直线运动三个阶段，再分别抽象成数学问题予以解决。

2. 运算能力的具体行为表现。学生在活动过程中需要根据时间与速度的一次函数确定加速度的大小，本质是函数思想中待定系数法的应用；减速带间距问题要转化为汽车行驶路程问题，在匀加（减）速直线运动中，汽车行驶路程是行驶时间的二次函数，学生需要通过行驶时间计算行驶路程。这些活动都能够提升学生的运算能力。

3. 数据观念的具体行为表现。在家长的帮助下，学生坐在行驶的汽车上收集行驶时间和对应的行驶速度等数据，这些数据正是后面建立数学模型的重要依据。学生在活动中学会用数据说话，提升数据观念。

4. 模型观念的具体行为表现。通过物理的相关知识，学生知道汽车在匀加速或匀减速直线运动中，行驶路程是行驶时间的二次函数。学生根据收集的数据计算出函数模型中的相关参数，从而建立确定的函数模型，再根据函数模型分析减速带设置的合适距离。

5. 应用意识和创新意识的具体行为表现。学生应用函数的知识解决"减速带间距"的实际问题，通过走访调查等方式完成实验方案的设计，积极寻求家长的帮助，共同进行实验。学生在这些活动中能提升应用意识和创新意识。

（三）项目内容分析

九年级的学生已经学习了一次函数、二次函数以及物理中的匀加（减）速直线运动的相关知识，所以学生完成本次项目式学习具有一定的理论基础，难度不大，只需要建立汽车行驶的路程与行驶时间的函数关系即可计算出汽车行驶的路程。由于汽车经过减速带前后的运动状态不是单一的，所以本项目的难点在于抽象出汽车实际经过减速带的运动过程。

本次跨学科主题学习活动由数学教师主导实施，家长协同完成。活动设计建立在"人人都能获得良好的数学教育，不同的人在数学上得到不同的发展"的教育理念上，要让学生在问题研究过程中感受到函数的应用价值。如下图所示，本项目式学习分课内、课外两部分完成。在整个实践活动中，学生独立思考、动手实验、收集数据、分析数据并得出结论。

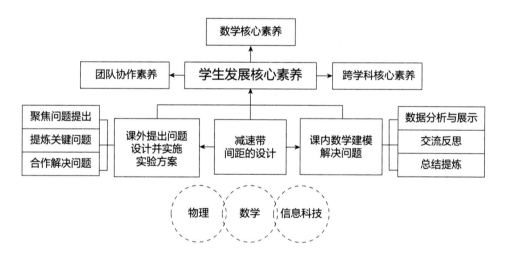

项目说明

（一）核心问题

在校园、景区、居民小区的道路中间，常常设置有用于限制汽车速度的减速带，如下页图所示。减速带之间若相距太远，就起不到限制车速的作用；若相距太近，又会引起行车的不便，所以应该给减速带设置合适的间距。那么，减速带的间距设置为多少较为合适呢？

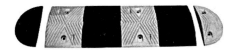

（二）项目目标

1. 在跨学科情境活动中，经历减速带间距设计的全过程，体验建立函数模型解决实际问题的一般方法，体会数学的跨学科应用价值，发展抽象能力和模型观念。

2. 在实验实施活动中，经历收集、整理、分析车辆行驶时间和速度等数据的基本过程，体会函数的应用价值，发展数据观念、应用意识和创新意识。

3. 在交流与展示活动中，经历从实际问题中建立数学模型、求解模型，以及交流表达的探究过程，积累数学建模的活动经验，发展抽象能力、推理能力和运算能力。

4. 在"减速带间距的设计"项目式学习活动中，经历用数学与其他学科知识融合解决问题的过程，了解车辆行驶的安全规范；通过小组合作的形式解决困难、完成任务，增强团队合作意识和人际交往能力。

（三）实施策略

"减速带间距的设计"项目式学习除课前引出课题外，主要分三个课时完成。第一课时为课内课时，主要任务是学生在教师的引导下制订实验方案；第二课时为课外课时，主要是学生根据实验方案，在家长的帮助下开展实验、收集和分析数据以及尝试建模；第三课时为课内课时，主要是学生展示建模及分析成果，并给出减速带设置的合适间距。该项目实施流程如下页图所示。

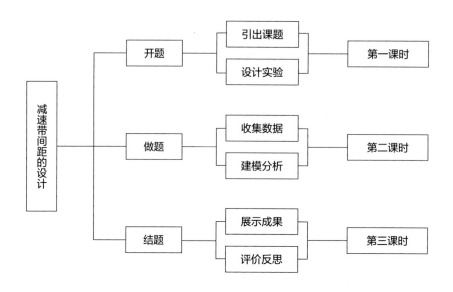

（四）学习资源

本课例主要运用函数模型研究校园内减速带设置的合理间距，需要用到电子表格整理实验数据并拟合函数图象。此外，由于本课例需要在机动车真实行驶的场景中完成实验，所以实验过程需要家长的帮助，从而实现家校共育。

课堂实录

课前：导入研究课题

任务：引出课题

师生活动：教师带领学生观察校园环形道路，学生发现每隔一段道路就会出现一条减速带，当汽车经过减速带时都会刹车，从而达到降低车速的目的，最终保障校园的交通安全。

师：如果减速带之间的距离太小或太大会出现什么问题？

生：减速带之间相距太远起不到限制车速的作用，相距太近又会引起行车的不便。

师：那么，我们校园内的减速带设置是否合理呢？你认为减速带的间距设置为多少较为合适？为了后续研究的方便，同学们可以先利用课余时间调查汽车在校园行驶的最高限速。

第一课时：确定实验方案

任务：制订实验方案

　　在项目探究的第一阶段（课前），各小组成员通过对学校师生的走访调查，确定校园内合适的行车速度，并最终将校园内最大行车速度确定为40 km/h。为了确保校园车辆在此限速范围内行驶，学生认为当司机将车辆加速到40 km/h时，就要因为看到前面的减速带而开始减速，车辆经过减速带时车速近乎为0 km/h，通过减速带后再加速行驶，如此循环，即可达到限速的目的。在以上合理假设的共识下，教师又抛出如下一系列问题，引导学生以小组为单位进一步探究。

　　【问题1】按照以上分析，汽车从一个减速带行驶到下一个减速带要经历哪几个阶段？

　　【问题2】汽车在各阶段行驶的路程与哪些因素有关？

　　【问题3】怎样表示路程与这些因素之间的关系？尝试制订一个合适的研究方案。

学生就以上三个问题分小组展开讨论和思考，在教师的引导下进行交流。

师：汽车从一个减速带行驶到下一个减速带要经历哪几个阶段？能否直接测量汽车从一个减速带行驶至下一个减速带之间的距离？

生：汽车从一个减速带行驶到下一个减速带需要经历两个阶段。第一阶段汽车速度从理想状态0 km/h（前一个减速带）加速到40 km/h，第二阶段汽车速度从40 km/h减速到0 km/h（后一个减速带），两个减速带之间的距离就是这两个阶段汽车行驶的路程之和。但汽车行驶的路程较远，不便于直接实地测量。

师：很好！既然不便于直接测量，你们小组打算怎样测算汽车行驶的路程呢？

生：后来，我们寻求了物理老师的帮助，和物理老师交流以后，我们认为可以假设汽车在这两个阶段分别做匀加速直线运动和匀减速直线运动。汽车通过匀加（减）速行驶的路程$s=v_0t+\dfrac{1}{2}at^2$，速度$v=v_0+at$，其中v_0为初始速度，a为加速度，t为行驶时间。在加速行驶阶段，$v_0=0$；在减速行驶阶段，$v_0=40$ km/h。

师：假设合理！那么，时间t和加速度a又该如何确定呢？

生：根据$s=v_0t+\dfrac{1}{2}at^2$，我们知道路程s为时间t的二次函数，但要想由此计算路程s，就需要先确定加速度a，由于加速度无法直接测量，并且汽车品牌和驾驶人的驾驶习惯等因素会对加速度产生影响，所以确定一个合适的加速度a至关重要。由$v=v_0+at$可知，速度v是时间t的一次函数，所以，我们打算通过实验绘制速度v与时间t的函数图象，从而求出a的值。

师：研究思路可行！可以说一下具体操作吗？

生：我们的具体实验方案如下。首先制作一张记录时间和车速的表格，在有减速带的道路上请家长帮忙当司机，模拟加速和减速实验，我们则在副驾驶的位置实时记录行驶时间与车速，然后利用收集的数据绘制速度v与时间t的函数图象。为了减小实验误差，我们会进行多次实验计算a的平均值。

学习支架

根据分析，本项目的难点是抽象出汽车实际经过减速带的运动过程。教师通过三个问题"①汽车从一个减速带行驶到下一个减速带要经历哪几个阶段？②汽车在各阶段行驶的路程与哪些因素有关？③怎样表示路程与这些因素之间的关系？"引导学生突破项目难点。

学习评价

在研究实际问题时，需要对实际情境进行合理假设（如汽车通过减速带时速度为0，司机看到减速带便不会再加速等），从而便于学生进行研究。另外，在项目启动之初，学生对问题的理解还停留在感性阶段，教师设置的三个问题就是为了让学生明确研究对象，将对项目的研究从感性认识上升到理性思考。学生自主梳理研究思路，遇到困难主动寻求教师帮助，体会学科融合解决实际问题的过程。

第二课时：展开实验探究

任务：课外实验

师生活动：学生根据设计的实验方案，在家长的帮助下完成实验，包括收集数据以及进行建模分析，教师在学生建模分析过程中给予帮助与指导。

【问题1】车速和时间单位不统一，导致计算错误。

师：汽车仪表盘显示的车速单位是"km/h"，而记录的时间单位是"s"，所以要将车速单位先转化为"m/s"。

【问题2】学生使用的数据较少，实验误差较大。

师：记录多组数据，且多次重复实验，然后利用测量的平均值进行计算。

【问题3】学生借助电子表格拟合函数图象的操作不熟练。

师：同学之间相互帮助，请能熟练使用电子表格的学生进行示范。

家长代表：在与同学们做实验的过程中，作为司机，我也改掉了很多不好的驾驶习惯。以前通过减速带时，我会在汽车即将通过减速带时急刹车，这样既不利于行车安全，又会给驾乘人员带来不好的乘车体验。

> **学习支架**
>
> 　　家长充当司机实验员，配合学生进行多次实验。教师引导各小组之间相互学习，讨论遇到的各种问题。

> **学习评价**
>
> 　　学生借助电子表格描点作图，在使用电子表格等学习工具的过程中体会到信息技术带来的便利。家长积极配合学生实验，家校共育提升教学效率。实验过程凸显了学习的实践性、开放性、创新性，使学生的自主学习能力和探究学习能力在实践中得以提升。

第三课时：展示研究成果

任务：分组展示研究成果

　　师：大家在课外都进行了实验探究，现在请一个小组来进行展示交流。

　　生：我们首先进行了加速行驶的测试。在加速行驶过程中利用秒表分别记录行驶速度达到10 km/h、20 km/h、30 km/h、40 km/h所用的时间——为了保持单位的一致性，我们将速度分别转化为 $\frac{25}{9}$ m/s、$\frac{50}{9}$ m/s、$\frac{25}{3}$ m/s、$\frac{100}{9}$ m/s，并进行多次实验取时间的平均值，最终得到下表中的实验数据。

速度（km/h）	0	10	20	30	40
速度（m/s）	0	$\frac{25}{9}$	$\frac{50}{9}$	$\frac{25}{3}$	$\frac{100}{9}$
时间（s）	0	1.6	3.0	4.2	5.0

　　师：很好！多次实验取平均值确实是一种有效减小实验误差的方法。

　　生：接下来，我们利用计算机电子表格的描点功能，绘制出时间与速度函数关系的散点图，如下面左图所示。通过观察散点图，发现速度与时间的函数图象与直线接近，说明假设汽车做匀加速直线运动是合理的。接下来，我们利用曲线拟合功能，用一次函数去拟合速度与时间的函数关系，拟合结果如下面右图所示，从而得到拟合曲线的解析式为$v=2.1723t-0.44$，则加速行驶时加速度$a \approx 2.2$ m/s^2，加速行驶时$v_0=0$，所以$s=v_0t+\dfrac{1}{2}at^2=1.1t^2$，由上页表格可知，当$t=5.0$时，速度达到40 km/h，所以将$t=5.0$代入$s=1.1t^2$中，得$s=27.5$，即车速从0 km/h加速到40 km/h，行驶的路程约为27.5 m。

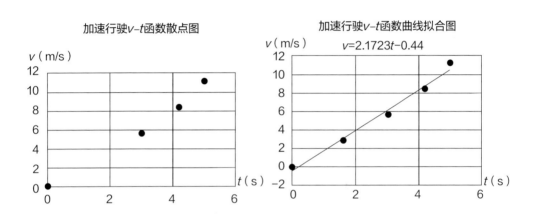

加速行驶v–t函数散点图

加速行驶v–t函数曲线拟合图

师：利用电子表格制作行驶时间和速度的散点图可以更直观地展示速度与时间的关系。依据实际数据描绘出的点近似在一条直线上，说明在实验过程中，家长对汽车加速时的油门控制十分合理，使得汽车的加速过程非常接近于匀加速直线运动。

生：类似地，我们再进行减速行驶测试。车速从40 km/h时开始刹车减速，多次实验后得到如下页表所示的数据，再分别作出减速行驶时v–t函数散点图（见下页左图）和曲线拟合图（见下页右图），得到$v=-1.6255t+11.57$，则减速行驶时加速度$a \approx -1.6$ m/s^2，减速行驶时$v_0=40$ km/h$=\dfrac{100}{9}$ m/s，所以$s=v_0t+\dfrac{1}{2}at^2=\dfrac{100}{9}t-0.8t^2$。由下页表可知，当$t=6.8$时，速度减为0 m/s，所以将$t=6.8$代入$s=\dfrac{100}{9}t-0.8t^2$中，得$s \approx 38.6$，即车速从40 km/h减速到0 m/s，行驶的路程约为38.6 m。由于27.5+38.6=66.1，所以可将减速带间距设置为66 m。

速度（km/h）	40	30	20	10	0
速度（m/s）	$\dfrac{100}{9}$	$\dfrac{25}{3}$	$\dfrac{50}{9}$	$\dfrac{25}{9}$	0
时间（s）	0	2.2	4.0	5.5	6.8

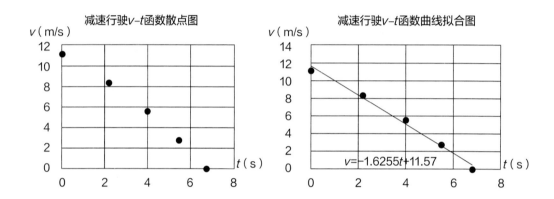

师：非常精彩！建立函数模型的关键除了做出简化、合理的假设（匀加速和匀减速直线行驶等）及利用问题蕴含的内在规律（时间、距离、速度、加速度之间的物理关系）外，还要根据测试数据估计模型的参数（加速度），这也是利用函数解决实际问题常用的方法。

家长代表：很高兴与同学们一起完成了这次实验活动，大家热情的探索精神深深感动了我。同学们利用自己所学的知识，不仅解决了校园内减速带间距设计的问题，同时帮助我改正了不良的驾驶习惯。

工程专家：首先，为同学们的探索精神点赞。一般来说，对校园内减速带之间设置的间距并没有硬性的标准，但通过数据可知，驼峰式减速带对于车辆速度的影响大概在车辆到达减速带前35 m到通过后25 m左右的范围，也就是从开始减速通过减速带，到再次加速恢复正常行驶，汽车的行驶路程约为60 m，这与同学们设计的减速带间距较为接近。

学习评价

　　学生在家长和教师的帮助下完成实验，取得实验数据，并利用信息技术建立函数模型，分析实验数据，最终得出结论，解决问题。学生在动手实践过程中发展数据观念、模型观念、应用意识以及创新意识。

特色点评

　　"减速带间距的设计"课例综合运用了数学与物理、信息科技等学科知识和思想方法，跨学科解决了校园内减速带间距设置的问题。学生在活动过程中体会到交通安全的重要性，养成遵守交通规则的习惯，促进核心素养的发展，课例体现了立德树人根本任务的落实。

1. 巧用函数破题，凸显数学核心

　　两条减速带之间的距离就是汽车一段加速行驶和一段减速行驶的路程之和，直接测量的难度较大，所以需要运用函数工具解决问题，将路程问题转化为行驶时间和速度问题。在匀加（减）速直线运动中，路程是时间的二次函数，速度是时间的一次函数，所以可以巧用函数解决减速带的间距问题，凸显数学在活动中的核心地位。

2. 融合学科特色，解决实际问题

　　要解决"减速带间距设置为多少较为合适"这一实际问题，就需要结合数学、物理以及信息科技等学科知识共同探索。汽车通过减速带的实际情境较为复杂，教师通过三个问题"①汽车从一个减速带行驶到下一个减速带要经历哪几个阶段？②汽车在各阶段行驶的路程与哪些因素有关？③怎样表示路程与这些因素之间的关系？"，引导学生将实际问题抽象为数学和物理问题进行研究。解决以上三个问题的关键正是融合运用多学科知识共同解决，学生在实验方案和成果展示交流中展现出来的研究智慧令人欣喜。

3. 多方合作探究，实现家校共育

　　学生以小组为单位解决校园减速带的间距问题，活动过程中借助了较多外

部力量。项目初期，学生走访校内师生，从司机和行人两个角度评估校内行车最大限速。项目中期，确定汽车经过减速带前后的运动状态分为减速、加速行驶两个阶段，学生借助物理知识确定函数模型$s=v_0t+\dfrac{1}{2}at^2$。由于加速度a无法直接测量，学生向物理教师寻求帮助，了解到可以通过测量的时间与速度确定加速度的值。另外，由于项目涉及车辆，学生向家长寻求帮助进行实验，家长驾车，学生根据汽车仪表盘记录行驶速度与时间。项目的完成有赖于学生与教师、家长的多方协作，活动过程实现了家校共育。

　　"减速带间距的设计"这一课例中，教师立足跨学科视角，进行整体性和有深度的教学，符合学生的认知规律，有助于学生体会和理解学科知识之间的联系，以及学科知识与外部世界的联系，形成模型观念，进一步提高学习数学的兴趣和应用意识，发展数学思维及综合素养，有较高的研究价值和借鉴价值。

碳中和与生活
——融合统计、函数主题的教学实践①

选取时代关注的热点"碳中和"，以问题提出、问题解决为导向，以完成核心任务为明线，以培养学生发展核心素养为暗线，利用实验观测、数据分析、函数应用、分享评价等形式，横向关联数学、化学、生物学、地理等学科，纵向衔接统计、函数等数学知识，跨越数学学科边界，联结数据观念、推理能力、模型观念、应用意识、创新意识等数学课程要培养的核心素养。

课例名片

👤 **年 级：**九年级上学期

📅 **总课时：**3课时
（课内2课时，课外1课时）

🖼 **学 科：**数学、化学、生物学、地理、道德与法治、美术

主题分析

实现"碳达峰"和"碳中和"目标对于应对全球气候变化具有重要意义。广大青少年作为未来碳中和世界的建设者，很有必要学习"双碳"知识，培养绿色低碳生活理念。

随着年龄的增长、知识的丰富，中学生对自然、社会等热点问题的关注度逐步提高。选择"碳中和"这一极具时代特点并具有一定挑战性的问题，必然会引起学生的学习兴趣和参与热情。

本课题源自真实情境中的问题，学习活动从认识二氧化碳开始，其中实验验证二氧化碳与温度的关系涉及数据的分析，测量二氧化碳在温室中浓度的变化涉及函数图象，全球二氧化碳浓度预测涉及二次函数模型的应用。因此，该项目式学习主要运用"数据分析""函数"等数学知识，关联化学、生物学、地理等其他学科知识，共同解决实际问题。

---

① 设计与执教者：邵海磊。修改与点评者：沈杰。

（一）课程标准要求

初中数学课程要培养的核心素养目标在于提高学生的应用能力，只有把数学学习与数学应用结合起来，才能促进学生数学核心素养的整体提高。在项目式学习中培养学生的问题解决能力，是数学教育的重要主题，具体表现为学生在具体情境中发现、提出、分析和解决问题的能力，同时更加强调在真实情境中的探索，注重运用数学和其他学科的知识与方法解决问题。特别是在"综合与实践"领域以跨学科主题学习为主，强化领域之间的联系和不同学科之间的联系。

（二）核心素养表现

1. 数据观念的具体行为表现。碳中和问题贴近生活，关注真实情境，所以学生在遇到问题时会"想数据"，分析问题时能"用数据"。在"碳中和"项目式学习中，特别关注了根据问题的背景选择恰当的方法"用数据"，合理地"读数据"。

2. 模型观念的具体行为表现。模型观念有助于学生开展跨学科的综合实践活动，感悟数学应用的普遍性。在问题解决阶段，不论是二氧化碳浓度与温度的关系，还是二氧化碳浓度与时间的关系，都需要学生结合情境经历函数建模、统计建模来解决实际问题的全过程。

3. 推理能力的具体行为表现。围绕二氧化碳进行实验以及通过实验得到一系列数据、根据数据绘制温度曲线图象、绘制全球二氧化碳浓度变化图，都需要学生结合实际情境做出合理的推断和解释。

4. 应用意识的具体行为表现。"碳中和"项目式学习活动可以使学生发现生活中的数学，从而明白数学知识的来龙去脉，切实感受到"数学有用，要用数学"。

5. 创新意识的具体行为表现。学生自己发现和提出问题是创新的基础；独立思考、学会思考是创新的核心；归纳概括得到猜想和规律，并加以验证，是创新的重要方法。所以，本次跨学科项目式学习，为学生提供了充分的发现和提出问题、操作和独立思考的机会。

（三）项目内容分析

"碳中和"项目式学习活动以数学为主体，一方面引导学生从数学的角度观察与分析、思考与表达、解决与阐释和碳中和有关的实际问题，另一方面引导学生发散思维，有意识地将数学的触觉由一点引向多点，从碳中和相关问题的发现、提出，到分析、解决的全过程都增强开放性，引导学生从不同角度思考解决问题的方案。

本次项目式学习选取的主题内容是碳中和，学生会很自然地以二氧化碳为切入点提出问题。在问题解决过程中，二氧化碳与温度、浓度变化的分析涉及化学学科中的二氧化碳、生物学学科中的光合作用、地理学科中的温室效应等，碳中和的政策和实施路径涉及道德与法治学科中的绿色低碳发展理念，校园运动碳足迹标识制作涉及美术学科中的创意作图内容。基于以上分析，为了使问题得到解决，学生需要怀着浓厚的兴趣和热情，尝试跨学科融合，整合跨越数学、化学、地理、生物学、道德与法治、美术学科关联内容，在教师的指导下打破知识内容界限和学科壁垒，跳出原有的学科思维束缚，多角度、多方位地思考问题，综合运用多学科知识及方法解决问题。活动框架如下图所示。

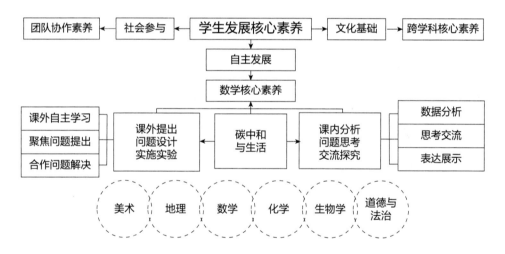

（四）学习资源

下列学习资源可供学生参考使用。

- 相关博物馆：中国煤炭科技博物馆。
- 相关网站：碳中和网、碳管家。
- 相关研究机构：清华大学碳中和研究院、福建师范大学碳中和研究院等。

- 相关图书:《碳达峰、碳中和100问》。
- "碳中和"主题公园:北京温榆河公园·未来智谷。

项目说明

(一) 核心问题

什么是碳中和? 为什么要实行碳中和? 怎样做才能实现碳中和?

(二) 项目目标

1. 在问题提出阶段,在教师的引导下,从数学的角度观察与分析实际问题,主动参与问题解决的过程,并能不断思考解决新出现的问题,又不断提出新的问题,激发创新精神和实践能力。

2. 在讨论方案阶段,经历自主选择研究方案、设计实验、实施实验、分析数据等过程,发展合作精神和团队意识以及用数学语言交流的能力。

3. 在问题解决阶段,经历动手实践、自主探索与合作交流等过程,发展阅读理解、数据分析、语言转换、数学建模等能力。

4. 在成果展示阶段,通过结论分析、实物展示,树立人与自然和谐相处的科学理念,践行节能低碳的生活方式,发展责任担当的公民意识。

(三) 实施策略

该项目实施流程图如下页图所示。教师在实施项目活动前,需统筹好活动开展所需的活动场所、实验室、实验器材、测量仪器等,整合好相关学科的各种资源,为学生搭建跨学科融合学习的空间。有条件的学校可以邀请化学、生物学、地理等学科教师加入课程为学生提供指导,从而为拓展学生的思维空间提供有效的支撑。同时,引导学生利用观察、思考、实验、数据分析、动手操作等形式与其他学科生成新的思维火花,充分地激发学生的学习兴趣,拓宽学生解决问题的思路。

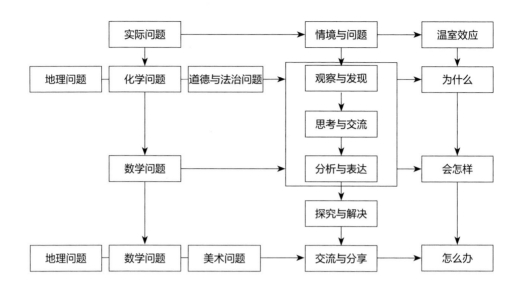

"碳中和"项目式学习主要分三个课时完成：第一课时为课内课时，在师生了解全球气候变暖问题后，为了使更多的人认识碳中和，班级准备举办一次关于碳中和的主题宣传教育活动。为了对碳中和的讲解更充分，学生在教师的引导下完成进一步的讲解任务选题。

第二课时为课外课时，主要是学生根据选题任务，拟定研究方法与步骤，并在教师引导下设计实验方案、开展实验、收集数据、分析数据、进行函数建模、得出结论、制作实物成果等。本课时每个小组所涉及的实验、测量、查阅资料、制作实物等花费的时间会比较长，需要在周末进行。

第三课时为课内课时，学生分析研究结论，汇报碳中和研究报告（见下表），展示创意成果。

报告人：	完成报告时间：
实验方案	
分析结论	
遇到的困难	
解决的方式	
留有的疑问	

课堂实录 ···

课　前

教师布置课前任务，学生提前准备。（见下图）

> **课前任务单**
>
> 　　任务1：查阅资料。了解温室气体、温室效应给人类带来的生态危机，以及面对温室效应、全球变暖，世界各国尤其是我国采取的应对措施及目标。
>
> 　　任务2：收集数据。查阅相关文献，收集全球二氧化碳浓度与全球平均气温的数据。
>
> 　　任务3：做好与二氧化碳有关的化学、地理学科知识准备。

第一课时：初识碳中和

任务1：师生观看有关地球环境变化的视频

师生活动：教师播放视频。学生通过视频认识到，随着全球经济的发展，温室气体排放过多，从而使得地球表面的温度逐步升高，加剧了温室效应。

师：什么是温室效应呢？

生：二氧化碳等温室气体能吸收地面的长波辐射，它们就像一个大棉被一样盖在半空中，使大气不断变暖，地球上的平均气温越来越高。因其作用类似于栽培农作物的温室，故名温室效应。

学习支架

　　教师提前准备关于全球气候变化的视频。

学习评价

　　通过观看视频，学生明白了环境恶化给人类带来的巨大影响，激发起强烈的责任感和浓厚的学习兴趣。

任务2：提出核心问题

师生活动：教师展示图片，师生共同了解到世界各国为应对气候变化这一人类面临的全球性问题，纷纷在采取行动。

师：2020年9月，习近平总书记在第75届联合国大会一般性辩论上的讲话中提出：“中国将提高国家自主贡献力度，采取更加有力的政策和措施，二氧化碳排放力争于2030年前达到峰值，努力争取2060年前实现碳中和。”

生：什么是碳中和？如何实现碳中和呢？

师：通过植树造林、节能减排等形式，抵消产生的二氧化碳排放，实现二氧化碳的“零排放”。简单地说，就是让二氧化碳的排放量“收支相抵”，这就是碳中和（carbon neutrality）。

生：碳中和非常重要，但是我们对碳中和还是了解得太少了。

师：为了更好地宣传碳中和，咱们为全校师生举办一次碳中和主题宣传教育活动吧。

生：好啊！

师：你们认为我们应该主要讲解哪些问题？怎样讲解这些问题？从哪些方面讲解？

生：因为温室效应是由二氧化碳等温室气体引起的，我认为我们应该从二氧化碳入手。

师：为了更好地认识什么是碳中和，请同学们讨论一下，尝试提出一些具体的、值得研究的问题。

教师将学生分为五个小组，学生分小组讨论，拟定本小组想要研究的具体问题；学生经过小组讨论后，在黑板上写出本小组拟研究的问题，并简单说明理由。

组1：我们组想讲解二氧化碳加剧了温室效应。

组2：我们组想讲解二氧化碳对我们生活的影响。

组3：我们组想讲解全球二氧化碳的排放情况。

组4：我们组想讲解如何消除人类活动排出的二氧化碳。

组5：我们组想探索对于碳中和我们可以做些什么。

师生活动：教师指导学生对上述问题反复阅读和理解，学生发现这五个问题是一脉相承的，它们都指向一个核心问题：怎样理解并助力碳中和？

师：大家准备怎么讲解这些问题呢？

组1：我们小组想设计实验进行模拟，用数据分析二氧化碳对地球温度的影响。

组2：我们小组想研究教室中二氧化碳浓度变化对温度的影响。

组3：我们小组想查阅资料了解目前全球的二氧化碳浓度，感受环境问题的紧迫性。

组4：我们小组想研究栽有绿色植物的温室中二氧化碳浓度的变化，探究绿色植物对二氧化碳的吸收情况。

组5：我们小组想征集助力碳中和的办法，拿出一些具体可行的措施。

师：很好，接下来每个小组都先将自己的任务具体化，设计任务行动方案，我们会在下节课上实施这个方案，完成碳中和研究报告。

学习支架

教师适当参与到不同小组的讨论中，给予一定的提示和建议。教师肯定并点评学生的发言，引导学生对发言进行整理归纳，梳理解决问题的步骤和方法；指导各小组在各自感兴趣的问题基础上，完成上述五个任务。

学习评价

学生提出的问题需要具有真实性、关联性、可探究性。学生能对选题进行归纳整理，在小组讨论阶段能够用较准确的语言表达自己的想法，在组间交流阶段能充分经历问题提出、因素分析、理由阐述等过程。小组内部的意见能达成一致，对自己小组的问题持有较浓厚的兴趣。

第二课时：探秘碳中和

任务1：模拟感知二氧化碳对温度的影响

生：二氧化碳真的会给地球带来这么多困扰吗？若二氧化碳含量过高，是否真的能引起温度变化？

组1：我们组希望先结合其他学科的知识设计模拟实验，再通过对实验数据进行分析来验证和讲解二氧化碳对温度的影响。

实验一：直观感知。

采用下面左图中所示装置用石灰石制取CO_2。

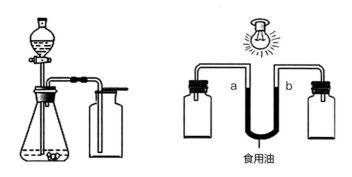

食用油

用上面右图所示装置进行CO_2产生温室效应的模拟研究。即左侧集气瓶中为CO_2气体，右侧集气瓶中为空气，导管中部为食用油。希望通过实验，能观察到食用油a侧液面高度与b侧液面高度的变化，以此验证CO_2是否造成了温度升高。

实验二：数据呈现。

探究白炽灯光照条件下空气中CO_2含量对空气温度的影响。

步骤1：用5个规格相同的矿泉水瓶分别收集1瓶空气、1瓶CO_2以及3瓶空气和CO_2的混合气体（CO_2含量分别为10%、20%、30%），并用带温度计的胶塞塞紧瓶口。

步骤2：把上述装有气体的矿泉水瓶放到白炽灯下照射，每隔1分钟将各瓶的温度记录下来。

任务2：教室中二氧化碳浓度对温度的影响

生：平时在教室里，由于人数较多，加之大家学习紧张，机体耗氧量便大大增加，呼出的CO_2自然增加了不少，而CO_2是保温气体，使得教室又闷又热，影响了大家学习的效率。

组2：我们组希望借助二氧化碳检测仪器研究教室里CO_2浓度和温度的关系，会每隔1小时将教室的温度记录下来。

任务3：数据分析全球二氧化碳浓度变化

由于近现代人类活动排放了大量的 CO_2 等温室气体，大气中的 CO_2 浓度不断升高。组3通过查阅文献资料，发现地球大气中CO_2的浓度已经从工业革命前的280 ppm（0.028%）增加到2018年的410 ppm（0.041%），为过去80万年来的最高水平（见下图）。

生：根据下图中的数据建立函数模型，按照目前的趋势，2050年、2075年和2100年大气中CO_2的平均浓度将达到多少？CO_2的浓度将在哪一年达到工业革命前的两倍？

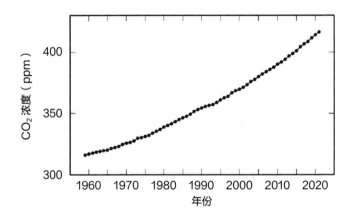

任务4：栽有绿色植物的温室中二氧化碳浓度对温度的影响

生：二氧化碳是绿色植物进行光合作用的主要原料，绿色植物在阳光的作用下，吸收二氧化碳和水，制造糖类，释放氧气，使空气中二氧化碳减少、氧气增加。

组4：我们组希望探究栽有绿色植物的温室中二氧化碳的浓度变化情况。

组4的同学来到首都师范大学附属中学成达守望农场的温室，利用仪器收集了同一温室一天中不同时间的二氧化碳浓度值。

生：取0—24时时间段，每个整点测量一次温室内的二氧化碳浓度，测量的数据记录下来。

生：我们组希望通过分析数据、利用统计软件作图，并结合化学、生物学知识分别做细致的分析、解读。

上述四个小组分别完成碳中和研究报告。

学习支架

　　1. 准备实验仪器、温度传感器、二氧化碳探测仪等用具，关于实验的合理性等需要请化学和生物学教师予以帮助指导。

　　2. 指导学生做好数据的收集整理和分析工作，比如设计收集数据的表格，确定数据收集的时间节点，利用Excel绘制曲线图，等等。

　　3. 如何查阅资料预测全球二氧化碳浓度、选用哪种函数模型拟合，都需要和学生讨论分析。

　　4. 利用网络有效地搜索信息，教师指导筛选出合理、正确、有用的信息资源。

学习评价

　　1. 数据来源准确，分析逻辑清晰，思考层层递进，学生能按照分析得出结论且能与实际相联系。

　　2. 问题从提出到解决具有很强的一致性，将提出问题、做出假设、抽象分析、得出结论等步骤完整呈现。

　　3. 能够查阅资料，积极思考可以研究的问题。能够依据散点分布的特点选择函数模型，计算准确，预测的结果合理。

任务5：助力碳中和

碳中和目标绝不是轻轻松松就能实现的，需要我们每个人为此付出巨大的努力。为了实现碳中和，我们又能做些什么呢？

组5经过交流讨论，结合自己的生活，群策群力形成方案。

学习支架

　　1. 碳足迹的定义以及生活中常用的碳排放量计算公式。

　　2. 碳足迹线上计算器。

学习评价

　　学生能够逻辑清晰、条理清楚、语言通顺地进行方案阐述。能够指出自己或他人的问题，并完整阐述原因；能够客观评价自己及他人，并能够根据他人的反馈进行自我反思，完善设计方案。

第三课时：展示碳中和

任务：分组展示研究成果

　　师生活动：小组负责人展示各自的研究成果，汇报自己组的研究报告，学生可在展示结束后提出疑问，由展示小组负责解答。展示阶段小组互评和教师评价相结合。

　　组1：我们采集到的实验数据如下表所示。

时间（min）	起始	1	2	3	4	5
CO_2含量	温度（℃）					
0%	23.0	23.3	23.9	24.6	25.0	25.5
10%	23.0	23.5	24.2	25.0	26.0	27.0
20%	23.0	24.0	24.5	25.6	26.5	27.5
30%	23.0	24.5	25.0	26.2	27.5	29.0
100%	23.0	30.0	33.0	35.6	37.0	39.5

　　我们对数据进行分析，结果如下。

　　（1）分析表中数据，纵向比较可知温度数据从上到下越来越大，即在同一时间内CO_2含量越高，温度升得越高。

　　（2）分析表中数据，横向比较可知数据越来越大，即在同一CO_2含量的条件下，随着时间的推移，温度逐渐升高。

组2：我们测量收集的一天中CO_2浓度数据如下表所示。

时间	7:00	8:00	9:00	10:00	11:00	12:00	13:00
CO_2浓度（ppm）	1210	1056	915	1068	650	636	472
时间	14:00	15:00	16:00	17:00	18:00	19:00	20:00
CO_2浓度（ppm）	476	515	559	468	493	465	542

我们根据数据绘制的二氧化碳浓度随时间变化的曲线如下图所示。

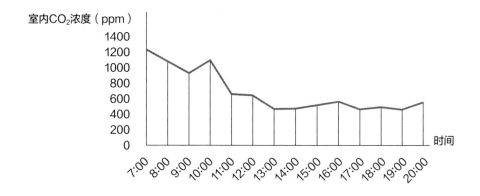

我们对表格和曲线图进行分析，结论和建议如下。

结论：由表中数据大致可以得出，一天中从早上开始，教室内二氧化碳浓度会逐渐降低；而到了傍晚左右，教室内二氧化碳浓度会逐渐升高。由于窗户是处于打开状态，室内二氧化碳浓度变化趋势与室外二氧化碳浓度大致一致，这与外界环境中绿色植物光合作用的强度息息相关。

建议：降低教室内二氧化碳浓度最重要的一项工作是保证教室内的正常通风。另外，还可以在室内放置一些绿色盆栽。绿色植物不仅能够通过光合作用降低室内二氧化碳浓度，释放出氧气，还能够美化室内环境。

组3：我们首先观察下图中散点的分布特点，然后选择函数模型。从散点图可以看出，随着时间的增加，CO_2 浓度有一个从小到大的变化过程，二次函数的图象与之最接近，可以用二次函数近似地表示这种变化。

按照这样的增长趋势，利用建立的函数模型估计2030年全球的CO_2 浓度，估测得出的CO_2 浓度数值越发说明实现全球的碳中和刻不容缓。

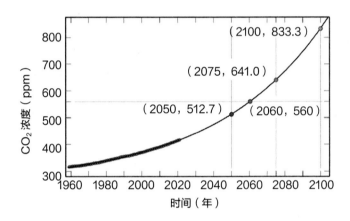

如果人类不做出任何改变，仍然实行当前的碳排放策略，那么大气中CO_2的浓度将继续按照目前的趋势增长。预测结果表明，2050年、2075年和2100年CO_2浓度将分别达到512.7 ppm、641.0 ppm和833.3 ppm。CO_2浓度将在2060年达到工业革命前的两倍，即560 ppm。

组4：我们根据测得的数据，绘制出温室内二氧化碳浓度在一天中的变化的图象（见右图）。

我们对数据和曲线图进行分析，得出的结论和建议如下。

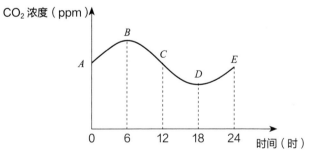

结论：上页图中，造成0—6时和18—24时二氧化碳浓度上升的主要原因是夜间植物的呼吸作用，植物消耗有机物，排出二氧化碳；造成6—18时二氧化

碳浓度逐渐降低的主要原因是光合作用，植物通过光合作用吸收二氧化碳，制造有机物。

建议：绿色植物通过光合作用可以吸收二氧化碳和释放氧气，由此可见，绿色植物是大自然的空气净化师，要降低大气中二氧化碳含量的一个重要的方法就是植树造林。

组5：我们小组通过查阅资料，知道了日常生活中一些二氧化碳的排放量。

①交通。

开小汽车：二氧化碳排放量（kg）=油耗升数×2.5。

乘公共汽车：二氧化碳排放量（kg）=公里数×0.01。

②家用燃气。

液化石油气：二氧化碳排放量（kg）=耗气千克数×0.5。

③家用自来水：二氧化碳排放量（kg）=自来水吨数×1。

根据上述数据，我们小组计划记录自己家庭一个月的生活数据，计算出当月的碳排放量约为多少千克。

国家林业局研究显示，一棵树每年可以吸收并储存4~18 kg二氧化碳，我们可以进一步估算出自己家庭一个月的碳排放量需要多少棵树可以吸收。

光合作用的化学方程式为$6CO_2+6H_2O \xlongequal{\quad\quad} C_6H_{12}O_6+6O_2$。假如排放出的二氧化碳被植物吸收用于光合作用，我们还可以估算出释放了多少氧气。

为了在校园宣传碳中和，我们可以查找、学习碳足迹的计算方式，给校园里的物品贴上碳足迹标识，设计制作校园运动的碳足迹标识。

师：对于碳中和，你还能提出什么问题？你还有哪些好的建议？请大家继续思考探究如何助力碳中和，"碳"寻美好生活吧！

学习评价

1. 学生能够聚焦问题，并能用语言文字描述所研究的问题，将实际问题转化为合理的数学问题。

2. 学生能认真讨论、思考，理解同学分享的方案。积极举手发言表达自己的意见，能够客观评价自己及他人，并能够根据他人的反馈进行自我反思，完善设计方案。

3. 学生能对数学学习有较强的好奇心与求知欲，有克服困难的意志与信心。

4. 小组分工明确，方案实施合理，全员参与。

5. 小组汇报时能够语言流畅、文字优美、条理清晰地表达研究过程。

特色点评

本课例选取了"碳中和"这一极具有时代特点的主题。学生在学习中遇到的问题是现实的、真实的、复杂的，需要整合数学与化学、生物学、地理等学科知识和方法，必须运用跨学科的知识方法。

为了使学生能叩"碳中和"之门，教师应先找"跨学科"之法。

1. 以问题为导向找准数学跨学科的出发点

本课例以"如何认识碳中和"这一核心问题为出发点，引导学生自己提出问题，然后以任务为驱动，通过问题之间的关联，呈现并解决了大量的锻炼高阶思维能力（分析、综合、评价与创造）的问题。

2. 以数学为中心突破数学跨学科的关键点

在本课例中，虽然情境是复杂的跨学科内容，但教师始终以数学为中心，引导学生将现实问题转化为数学问题，用数学的知识、方法解决问题，使学生感受到数学是解决问题的关键点。

3. 以学生为主体把握数学跨学科的着力点

学生是项目式学习的主体，在项目进行的不同阶段，围绕学生寻找项目的着力点，教室、实验室、温室、校园都成为学习的场所，文献材料的收集整理、实验测量仪器的使用、数据分析软件的使用也是学习的一部分，每个学生都能参与到创造实践当中。

　　"碳中和与生活"课例在整体上体现了情境的真实性、问题的挑战性、过程的完整性和成果的创造性等特征，很好地达成了课程总目标的要求，达到了"取他科之石，攻数学之玉"的目的。

旗杆高度的测量

——融合相似三角形和锐角三角函数的教学实践①

无论是测量、计数，还是理解世界上的任何模式或关系，数学都是必不可少的工具。本课例通过组织学生开展项目式学习，让学生以小组为单位，群策群力，研讨旗杆高度的测量问题。探究活动以课内、课外相结合的方式展开，课外先制订方案并展开测量，课内再进行小组汇报。该项目激发了学生探究的欲望，生动地印证了数学是训练学生思维的体操，带给学生能力的培养和提升，发展了学生的数学交流、数学抽象、逻辑推理、数学建模、数学运算等数学素养。

```
课例名片

年  级：九年级下学期
总课时：2课时
       （课内1课时，课外1课时）
学  科：数学、物理
```

主题分析

学生要完成"旗杆高度的测量"项目式学习，就需要前往实地对现实情境进行数学抽象，用数学方法进行表征，用数学符号进行交流，以便规划测量的方案。通过了解测量过程中的限制条件，学生采取不同的抽象方法，这其中需要借助数学知识和物理知识对测量方法进行解释，再通过一系列逻辑推理和数学运算完成任务。因此，该项目式学习体现了数学和物理等学科知识的交叉运用。

（一）课程标准要求

2022版课标指出，"学生的学习应是一个主动的过程，认真听讲、独立思考、动手实践、自主探究等是学习数学的重要方式"。数学学习应当从学生已

---

① 设计与执教者：万兵。修改与点评者：周远方、肖文记。

有的生活经验出发，让学生亲身经历将实际问题抽象成数学模型并进行解释和应用的过程。

课标在"图形与几何"的教学提示部分强调，"通过实验探究、直观发现、推理论证来研究图形"在内容要求之"图形的变化"部分强调，"会用图形的相似解决一些简单的实际问题"，"会使用计算器由已知锐角求出它的三角函数值"，"能用锐角三角函数解直角三角形，能用相关知识解决一些简单的实际问题"。

在学业要求部分指出，"知道直角三角形的边角关系，理解锐角三角函数，能用锐角三角函数解决简单的实际问题；了解图形相似的意义，会判断简单的相似三角形"，"在具体现实情境中，学会从几何的角度发现问题和提出问题，经历用几何直观和逻辑推理分析问题和解决问题的过程，培养应用意识和创新意识，提升几何直观、空间观念、抽象能力、推理能力等"。

（二）核心素养表现

1. 抽象能力的具体行为表现。学生提出方案后，在讨论时需要结合实际操作，并在纸上作图，与组员讨论。此过程中，学生需要将实际情境抽象为简单的几何图形，如将太阳光抽象为平行线等；也需要运用空间想象能力将三维情境抽象为二维图形，体现了数学抽象的素养。

2. 推理能力的具体行为表现。学生在分析计算方式时，需要运用相似三角形的判定去推理证明为何两个三角形相似，进而利用相似比列方程求解问题，体现了逻辑推理的素养。

3. 数据观念和运算能力的具体行为表现。在多次测量完成后，学生需要计算平均数、绝对误差、误差率等数值，以此进行测量数据的比较分析。此过程中，学生需要灵活地进行数据处理，利用表格形式记录和比较数据。这样通过测量等方法获取数据，并运用数学方法对数据进行整理、分析和推断的探究过程，体现了数学分析和数学运算的素养。

4. 模型观念的具体行为表现。学生通过几何直观与数学抽象，产生数学问题，构建利用相似三角形求解线段长度的基本几何模型，体现了数学建模的素养。

5. 应用意识与创新意识的具体行为表现。学生在讨论测量方案时可能涉及相关数学史知识的查阅，在具体动手操作的过程中需要联系数学、物理的相关知识来解释原理，体会数学知识的应用价值，这些都有利于培养学生的应用意识和创新意识。

（三）项目内容分析

从知识层面来看，学生已经学习了勾股定理、相似三角形的性质与判定、位似、锐角三角函数等知识，并且对利用相关知识求解线段长度有了一定经验。从思维层面来看，九年级学生已经具备一定的数学应用意识和数学建模能力，他们的思维正从形象思维向抽象思维过渡，能够在合作探究、交流讨论、动手实践等活动中分析问题、解决问题。从心理特点来看，该年龄段学生思维活跃、求知欲望强，对动手实践的操作活动十分感兴趣。

然而，本项目研究的是现实生活中的实际问题，需要学生进行交流、表征、作图、直观想象、比较、论证、简化、建模、计算、发现、反思等不同活动，表现出较强的开放性和综合性，这与学生日常习惯的在相对封闭的问题情境中进行相对单一的知识点练习的学习方式相比差别较大。另外，对于方法的构建需要利用数学、物理等学科知识进行原理解释，学生还不适应这种跨学科的思维方式。所以在具体的测量活动中，教师需要适时为学生提供相应的指导与帮助。

本跨学科主题学习活动的实施由数学教师主导，物理教师协同完成。由于学生对测量方法并不熟悉，也不了解数学史上对这一问题的方法研究如何，因此需要学生组建小组团队，查阅历史上解决该问题的经典方法，与指导教师进行交流。在此基础上，学生还需要进一步明确分工，拓展思路，通过沟通交流、智慧碰撞，研讨更多的测量方案，并揭示做法背后的数学或物理原理，最终形成成果，以小组的形式在全班汇报分享。本项目式学习分为两个课时：第一课时是室外的实地测量，第二课时是课内的方法汇报与原理探索。该项目的学习结构如下页图所示。

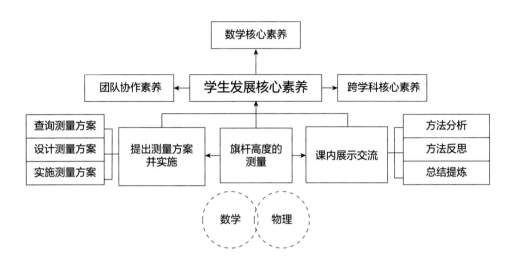

（一）核心问题

在实际生活与工作中，我们常常会遇到测量高度的实际问题。具体测量时，有时会遇到"不能到达"或够不着的困难，这就需要设计恰当的测量方案。该如何依据实际设计测量方案呢？

（二）项目目标

1. 在前期构思活动中，通过查阅数学史上的经典测高方法，理解其背后的数学原理，体验建立几何图形解决实际问题的基本方法，体会数学的应用价值，发展抽象能力和模型观念。

2. 通过尝试测量高度的不同方法，学会运用相似三角形、三角函数等数学知识提出问题、分析问题并解决现实问题，发展抽象能力、推理能力、建模能力和运算能力。

3. 通过小组合作交流，共同测试并调整实验方案，完成探究任务并汇报展示成果，提升动手能力、合作能力和数学交流能力等。

（三）实施策略

"旗杆高度的测量"项目式学习除课前布置任务外，主要分两个课时完成。第一课时为课外课时，学生形成五个小组，根据项目任务，对测量方案进

行初步构思；与此同时，在教师的引导下完成文献的查询和学习；再根据相关
经验构思更多的测量方法，并开展实地测量活动。第二课时为课内课时，学生
根据测量的具体情况，提炼、完成测量报告，然后展示研究成果并相互评价。
该项目实施流程如下图所示。

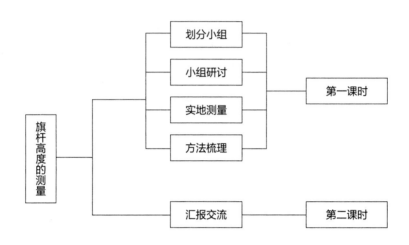

（四）学习资源

本课例主要探讨"旗杆高度的测量"，需要提供可以帮助查询测量方法的
平台（如中国知网），同时提供常见的测量工具，如秒表、卷尺、经纬仪等，
以帮助学生更好地完成测量。

课堂实录 ···

第一课时：户外测量

师：当你走过一栋高楼大厦，经过一根旗杆时，你是否想过它有多高？这
些看来与我们不相关的任务其实蕴藏着丰富的知识，而拥有一定知识的你们可
以运用自己所学的知识来寻找这些问题的答案。下面以校园旗杆的测量为例，
让我们一起来研究它的高度测量问题。

数学史上有很多测量方法，如古希腊数学家泰勒斯采用了影子法。西汉时期
的天文学和数学著作《周髀算经》中记载着周公问商高用矩测量的方法。魏晋时

期，刘徽著有《九章算术注》，书中言："凡望极高、测绝深而兼知其远者，必用重差……故曰重差也。"它意思是说，凡是测量未知的高度、深度或距离时，就要用到重差术。随着社会的不断发展，测量的技术也在不断更新，其背后有什么样的数学原理呢？你能设计一些测量旗杆高度的方法吗？请根据下面的任务单，开始你的实践之旅。

任务单

任务1： 通过查询资料，了解测量距离、角度、时间等的基本工具与原理，了解和探究中国古代是如何测量高度的。

任务2： 完成旗杆高度的测量。

项目内容	测量旗杆的高度
测量时间	2023年___月___日
小组成员	
组员分工	
测量工具	
测量方案（越多越好）	
测量数据	
所得结论	

任务3： 你是如何想到上述测量方法的？请对每一种测量方案的合理性和原理做分析。

学习支架

教师提前两天对全班学生进行分组，每个组实行组长负责制，确保活动有序开展。组长召集组员，利用课间时间对任务1进行研讨，再商定测量方案。学生根据方案准备相应的测量工具，并完善项目测量方案。

学习评价

学生对该项目活动表现出强烈的学习兴趣和学习热情，积极调动自己的生活经验和知识经验来规划测量方案。

第二课时：汇报交流

任务：分组展示研究成果

师生活动：小组项目负责人展示研究成果，其他小组做好记录，可在展示结束后提出疑问，由展示小组负责解答。小组互评和教师评价相结合。

小组测量方法展示及提问过程如下。

【方案1】借助绳子求旗杆的高度。

把系在旗杆顶端的绳子松开（见右侧图①），绳子会沿着旗杆垂到地面，从绳子接触地面的C处时（见右侧图②）开始慢慢拉动绳子把红旗降下来，采用把线段BC的长度分成几小段来测量的方法，最后把每小段的长度加起来，得到的总长度就是旗杆的高度。

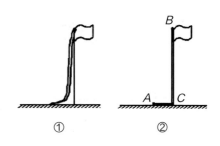

师：你们为什么会想到用这个方法？

生：这其实是一种等量替换的方法，由于旗杆无法移动，不方便测量，我们便想到可以用一个方便移动和测量的工具进行等量替换。我们想到了升国旗时用到的绳子，将旗杆的高度等量替换为绳子的高度就可以了，因此就有了这种方法。

师："等量替换"，这确实是一种智慧的思路，在我们的日常生活中也经常用到。有小组对这种测量方法展开反思进行质疑吗？

生：我们质疑的是这种测量方法弱化了工具的使用。如果不拉动绳子，保持红旗不动，能通过测量得到旗杆的高度吗？

学生经过思考，想到了平时遇到过的题目，从中得到启发，得到如下方案。

把系在旗杆顶端的绳子沿着旗杆垂到地面（见上面图①），并多出了一段AC，测出AC的长度（见上面图②），然后将绳子拉直，让绳子的底端刚好接触到地面，测出绳子底端与旗杆底部的距离DC。由勾股定理$BC^2+DC^2=BD^2$，得到$BC^2+DC^2=(BC+AC)^2$，即旗杆的高度$BC=\dfrac{CD^2-AC^2}{2AC}$。（见右图）

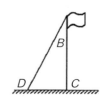

师：这太巧妙了，你们采用的是一种间接测量的方

法，只需要测量AC和DC的长度，再通过推理运算就能得到旗杆的高度。其核心是将旗杆放在Rt△BCD中，旗杆的高度和绳长均是未知的，但很容易测出绳子比旗杆长多少，当我们将绳子拉直，也方便测量DC的长度，这样就将问题转化为"已知BD−BC=m，DC=n（m，n为常数）"，从而可以利用勾股定理建立方程来完成旗杆高度的求解。

【方案2】借助太阳光求旗杆的高度。

如右面图③所示，同时测量旗杆的影长AC和一名学生的影长AE，然后测量这个学生的身高DE，利用相似来求旗杆BC的高度。

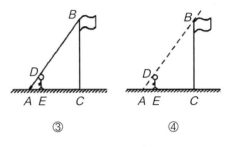

③　　　　④

师：利用影子来完成求解，这很神奇，你是怎么想到这种方法的？

生：我们在查询数学史上的高度测量方法时，了解到古希腊数学家泰勒斯利用这一方法测量金字塔的高度：如右图所示，因为斜射的太阳光是平行光，再利用竖直和水平的两组对应边，便可得到两个相似的三角形ABC和A′B′C′。其中，AC是金字塔的高度，AB是金字塔的影长加底面边长的一半，A′C′是标杆的高度，A′B′是标杆的影长。

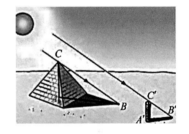

生：（小组质疑）如果阴天或者雨天，没有太阳光，或者太阳光落在了草丛里，或者旗杆的影子被旁边一棵大树的影子挡住了，该如何测量得到旗杆的高度呢？

学生经过思考，把太阳光换成了激光笔或者手电筒发出的光，提出如下方案。

如上面图④所示，把激光笔或者手电筒放在地面上A处，打开光，慢慢移动角度，使得发出的光线正好到达B处，然后一名学生从C处沿着CA的方向慢慢走，直至头部挡住光线后停止，测出AC、AE和DE的长度，由△AED∽△ACB，得到$\dfrac{AE}{AC}=\dfrac{DE}{BC}$，即旗杆的高度$BC=\dfrac{DE \cdot AC}{AE}$。

师：很好，改进后的方案弥补了阴天无法测量的缺陷。

【方案3】借助标杆来求旗杆的高度。

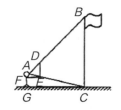

如右面图所示，一名学生手中拿着短的标杆DE，保持胳膊EF水平，标杆DE垂直于地面，在操场调整到合适的位置，使得旗杆BC看上去恰好被标杆DE挡住，然后测出标杆DE、胳膊EF、学生到旗杆的距离GC的长。根据平行线截线段成比例，由DE//BC，FE//GC，得到 $\frac{DE}{BC}=\frac{AE}{AC}=\frac{FE}{GC}$，即旗杆的高度 $BC=\frac{GC \cdot DE}{FE}$。

师：这似乎是对上一个小组方法的又一次改进，本质还是利用相似。仔细想想，这个方法有没有什么缺陷呢？

生：（小组质疑）如果标杆很长，当我们延长BD和CE时，可能会导致人的眼睛和DE的距离超过了手臂长，这样会导致人眼找不到旗杆BC恰好被标杆DE挡住的位置，那又该如何测量呢？

学生经过思考，调整为把长标杆固定在操场的某一处，让长标杆与地面垂直，通过位置调整，得到如下方案。

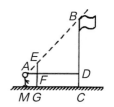

如右图所示，让标杆EG垂直于地面固定不动，一名学生通过移动位置来使眼睛A、标杆顶端E和旗杆顶端B恰好在同一条直线上，然后测量这名学生的眼睛与地面的高度AM、标杆EG的长、学生到标杆的距离MG（即AF）和学生到旗杆的距离MC（即AD）。由△AFE∽△ADB，得到 $\frac{AF}{AD}=\frac{EF}{BD}$，即 $BD=\frac{EF \cdot AD}{AF}$，得到旗杆的高度

$$BC=BD+CD=\frac{EF \cdot AD}{AF}+AM。$$

师：那就考虑不把标杆拿在自己的手上来测量。大家很会灵活应变地处理问题。

【方案4】借助平面镜求旗杆的高度。

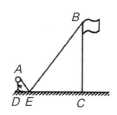

如右图所示，把平面镜水平放置在操场上，一名学生慢慢地靠近平面镜（点E的位置），直到恰好观察到旗杆顶端B在镜中的像后停止，然后测量学生的眼睛与地面的高度AD，学生到平面镜的距离DE，旗杆底部C到平面镜

的距离CE，由$\triangle ADE \backsim \triangle BCE$，得到$\dfrac{AD}{BC}=\dfrac{DE}{CE}$，即旗杆的高度$BC=\dfrac{CE \cdot AD}{DE}$。

师：这仍然用到的是相似，只是改变了相似的形式，利用了物理中光线反射的特点。这种方法是数学与物理的融合，具有一定的创新性。

生：（小组质疑）如果在夜晚，使用平面镜怎么测量？

改进方案：一名学生手持激光笔或手电筒，慢慢靠近平面镜，直到光线通过平面镜照射到旗杆顶端B点为止。

师：不错，还可以利用激光笔，解决黑夜或阴天没有太阳光的问题。

【方案5】借助三角尺或测角仪来求旗杆的高度。

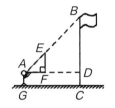

如右图所示，一名学生手持三角尺，保持直角边AF与地面平行，当旗杆顶端（B）恰好在直线AE上时，测量学生到旗杆的水平距离GC（即AD）的长度和学生的眼睛到地面的高度AG（即DC的长度），然后利用锐

角三角函数$\tan \angle BAD=\dfrac{BD}{AD}$，得出$BD=AD \cdot \tan \angle BAD$，

得到$BC=BD+DC=AD \cdot \tan \angle BAD+AG$。这种方法在数学中也被称作三角尺法。

师：在中国古代数学中，有关于该方法的使用记载吗？

生：我国测量学的历史几乎可以追溯到大禹治水时期，在《史记·夏本纪》中就有相关记载。在那个工具落后的时代，大禹"左准绳，右规矩"，因势利导，化堵为疏，其三过家门而不入的故事流传至今。大禹所用之"矩"，形似现代的曲尺，也就是我刚才用的三角板。西汉时期的天文学和数学著作《周髀算经》中记载着周公问商高用矩测量的方法，商高说："偃矩以望高，覆矩以测深，卧矩以知远。"其表达的意思就是刚才我们组展示的方法。

生：（小组质疑）如果学生到旗杆的水平距离不可测量，利用三角尺或测角仪如何测量旗杆的高度？

改进方案：学生经过思考，采用如右图所示的方法。即首先在点F处，测出站在此处的学生的眼睛到地面的高度AF，接着用三角尺或测角仪测出$\angle 1$的度数；然后沿着FC的方向向前走到G处，测得$\angle 2$的度数和FG的长度。

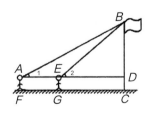

在Rt△ADB中，$\tan\angle 1=\dfrac{BD}{AD}$，即$AD=\dfrac{BD}{\tan\angle 1}$，

在Rt△EDB中，$\tan\angle 2=\dfrac{BD}{ED}$，即$ED=\dfrac{BD}{\tan\angle 2}$，

因为$AD-ED=AE$，所以$\dfrac{BD}{\tan\angle 1}-\dfrac{BD}{\tan\angle 2}=AE$，所以$BD=\dfrac{AE\tan\angle 1\tan\angle 2}{\tan\angle 2-\tan\angle 1}$，

所以$BC=BD+CD=\dfrac{AE\tan\angle 1\tan\angle 2}{\tan\angle 2-\tan\angle 1}+CD$。

师：这种方法在古代数学中叫作重差术。你们了解吗？

生：是的，我们了解到魏晋时期，刘徽著有《九章算术注》，书中言："凡望极高、测绝深而兼知其远者，必用重差……故曰重差也。"意思是说，凡是测量未知的高度、深度或距离时，就要用到重差术，即使用两次"表"或"矩"重复测量，再利用数据之差进行计算。在《周髀算经》中，陈子用南北两地日影差求太阳高度的方法就是重差术的雏形。在古印度，数学家阿耶波多在《阿耶波多历数书》中介绍了用晷尺来测量光源距离和高度的方法，如右图所示，其思想方法与重差术是一致的。

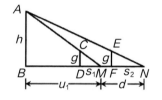

师：刚才大家所采用的方法都是古代测高的经典方法。随着社会的不断进步，基于这些思想方法，我们也制作了很多现代测高的工具，我们请查阅了相关资料的小组来分享一下。

生：首先是相对简单的测倾仪（见右图），可以用来测量观察目标的仰角和俯角。测量前，先将支杆插入地面，并使度盘直径PH处于水平位置，此时支杆的中心线、铅垂线和度盘的0刻度线重合。测量时，转动度盘，使度盘的直径PH对准测量目标顶端，这时铅垂线指向的刻度线即为仰角或俯角的度数。可见，这就是一个能更精准（更容易掌控水平和垂直）地测量仰角和俯角的量角器。

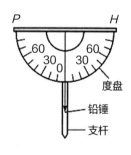

其次是更为复杂的测高器（如下页图所示），可以直接测量观察目标的高度，使用起来比测倾仪方便。观测筒中的目测孔与准星构成了一条观测线；

表盘上有六圈刻度，最里面一圈是仰角或俯角的度
数，外面五圈分别是到测量目标的水平距离为8 m、
15 m、20 m、30 m、40 m（五条"基线"）时各仰角
或俯角对应的测量高度。测量前，先用卷尺量取一条
"基线"。测量时，让观测线对准测量目标顶端，这
时不仅可以在表盘上读出仰角或俯角的度数，还可以
由"基线"直接读出仰角或俯角对应的测量高度；加上测量者的眼高，即可得
到物体高度。显然，这使用的就是量角器法，只不过设计者事先根据测量原理
算出了不同水平距离下各个仰角或俯角对应的高度，并将其标在了表盘上。

　　最后是较为高级的激光（超声波）测高（测距）仪。它用激光（超声波）
发送和接收信号测量长度与角度。设计者根据解直角三角形有关知识，将高度
计算公式（算法）植入仪器中。使用时，只要分别瞄准测量目标的低点和高
点，由内置算法的计算器自动计算，屏幕就能显示高度。

　　师：这些都体现了人类在测量过程中的智慧，当然这些仪器也是由刚才测
高过程中涉及的思想方法制作出来的。如果我们想制作简单的测量工具，可以
考虑如何不断优化工具——这又是一个值得大家研究的话题。

学习支架

　　教师按照学生的设计方案，提前安排好分享顺序，以便整节课学生
能在一定的逻辑顺序下表达展示，避免反复冗杂。一个小组在分享时，
其他小组可以提出疑问，以便方法得到不断优化。

学习评价

　　在实际测量中，学生都能结合自己的想法找到合适的测量方法。但
在不同的时间、不同的地点，随着客观条件的不同，同一种方法很有可
能又会遇到不同的麻烦。所以在每个方案汇报结束后，不同组针对方案
中可能存有的缺陷进行质疑，能够更好地帮助每个小组优化方法的可行
性和科学性。通过小组代表对成果的表达、全班学生热烈的讨论和对方
案的评价，可以看出，学生对此次活动非常重视，参与度非常高，对此
次活动的结果也非常满意。该项目式学习有效地培养了学生的深度思维
和批判性思维。

特色点评

2022年4月，义务教育课程方案和数学课程标准颁布后，很多专家对其进行了详细解读，目的是引导学校、教师把立德树人和学科育人落实到位。在深化课程改革的大背景下，教师应该如何进行数学教学成为目前数学课堂教学亟待解决的问题。以学生为本，把促进学生健康成长和全面发展作为改革的出发点和落脚点，培养学生适应未来发展的正确价值观、必备品格和关键能力，让每个学生都能成为有用之才。本项目式学习深刻贯彻了课程标准的导向，并具有以下三个特点。

1. 关注本质，培养"爱思考"的学生

在该课例中，学生们要解决的是同一个问题，但方法因条件而异，因工具而异，既有优势，又存在局限性。通过学生的交流、对话、分享、反思、批判、优化，这些方法的本质不断被揭示，其背后的逻辑关系不断变得清晰，所使用的核心知识为三角函数和相似三角形，体现了知识的应用价值。同时，整个问题解决的过程就是通过思考学会用数学的眼光观察现实世界，学会用数学的思维思考现实世界，学会用数学的语言表达现实世界，有助于全面发展学生的思维能力，培养学生勇于探索的学习品质，增强他们学习数学的信心。

2. 重视合作，培养"重体验"的学生

数学学习是一种活动，这种活动与游泳、骑自行车一样，不经过亲身体验，仅仅通过看书本、听讲解、观察他人的演示是学不会的。需要借助合作的力量，开展智慧碰撞，全方位、多角度审视问题。重体验就是让学生经历发现问题、思考问题、解决问题的全过程，在做中学，教师只是在学生遇到困难时适当点拨，不替代学生问题解决的过程，如课例中所展现的数学史料都是学生合作搜集整理、内化吸收的结果。学生在体验活动中产生了浓厚的学习兴趣，在体验中去感悟、去反思，逐渐形成动手实践、积极探索、合作交流的学习方式，发展了分析问题和解决问题的能力。

3. 重视文化，培养"有思想"的学生

数学是一种先进的文化，是人类文明的重要基础。它的产生和发展在人类

文明的进程中起着重要的推动作用，具有举足轻重的地位。课标中也提倡在数学课程中弘扬中华优秀传统文化。本课例通过学生自主查阅中国古代是如何测量高度的，调动了学生领悟古代数学思想的积极性，发挥了《周髀算经》、"重差术"等优秀传统文化的育人功能，使得数学课堂的德育功能得以凸显，提升了学生学习数学的文化品位。曲折的数学史演进过程形象生动地传达了数学的历史感和深邃性，有利于学生形成良好的思想体悟。

体重与脉搏的数据拟合
——融合比例模型的教学实践[①]

本课例以跨学科学习活动为载体，综合运用数学与生物学、医学、信息科技等学科知识和思想方法，通过项目式学习的方式，融合探究"体重与脉搏"的实际问题，分小组进行阶段化的研究，借助计算机软件建立相关比例模型，并根据模型对健康生活给出适当建议。课例通过项目式学习活动，发展了学生的抽象能力、推理能力、模型观念等核心素养。

> **课例名片**
>
> 👤 **年 级：** 九年级下学期
> 🗓 **总课时：** 3课时
>   （课内2课时，课外1课时）
> 📖 **学 科：** 数学、生物学、
>   信息科技、医学

主题分析

"体重与脉搏的数据拟合"项目式学习涉及医学常识、大量生物学知识和学科假设，特别是大量有关影响脉搏的中间变量的生物学知识，所以该项目式学习要充分考虑生物学学科知识和方法；此外，学生需要借助信息技术分析相关数据并建立比例函数模型，通过分析模型对人类体重提出合理建议。综合来看，该项目式学习主要运用数学的相关知识，并涉及医学、生物学和信息科技等学科知识。

（一）课程标准要求

课程标准在"函数"的教学提示部分强调，"要通过对现实问题中变量的分析，建立两个变量之间变化的依赖关系，让学生理解用函数表达变化关系的实际意义"；"在教学过程中，要关注数学知识与实际的结合，让学生在实际

[①] 设计与执教者：陈勇（湖北省武汉市新华下路中学）。修改与点评者：周远方、胡红芳。

背景中理解数量关系和变化规律，经历从实际问题中建立数学模型、求解模型、验证反思的过程，形成模型观念"。

在学业要求部分强调"能找出变量之间的数量关系及变化规律，形成初步的抽象能力"，"能结合函数图象对简单实际问题中的函数关系进行分析，结合对函数关系的分析，能对变量的变化趋势进行初步推测"。

（二）核心素养表现

1. 抽象能力的具体行为表现。学生需要从"体重与脉搏"的现实问题中抽象出要研究的数学问题，特别是涉及的大量的中间变量，需要学生从中抽象出核心变量、变量的规律及变量之间的关系等。

2. 推理能力的具体行为表现。学生查阅涉及"体重与脉搏"的生物学知识时，会发现要找到体重与脉搏率的函数关系，就需要了解很多的生物学概念和变量，特别是影响脉搏的中间变量存在的逻辑关系考验着学生的推理能力。

3. 运算能力的具体行为表现。学生在研究的过程中，需要反复运用待定系数法和方程的思想求解模型，同时运用电子表格拟合曲线，学生在此过程中可以感悟运算的作用。

4. 模型观念的具体行为表现。学生需要借助多个正比例和反比例函数模型，建立体重与脉搏的关系模型，研究分析体重与脉搏率数据之间的关系，并运用最终模型分析的结果预测实际情况。这些探究过程有助于学生模型观念的养成。

（三）项目内容分析

在进行本课题的探究准备中，发现不同的动物在不同状态下影响脉搏的因素多且影响程度不同，因此本课题在研究时，设置了一个前提：将研究对象设定为睡眠中的恒温动物体重与脉搏的关系。在设置子课题时，教师要根据生物学的知识，合理引导学生。另外，学生在建模过程中会遇到各种各样的问题，需要教师适时引导。如下页图所示，本课例采用课前准备、课内活动相结合的方式进行：课前准备主要是提出跨学科研究问题，设计实验方案；课内活动主要是获取数据、分析与展示数据。通过课内与课外活动，提升学生的核心素养。

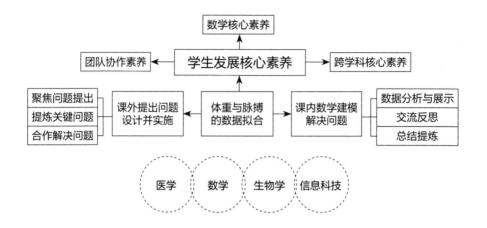

项目说明

（一）核心问题

医学研究表明，人类的体重与脉搏有着千丝万缕的联系，如果把研究的范围扩大到动物，它们的体重与脉搏又有着怎样的关系呢？

（二）项目目标

1. 在跨学科情境活动中，经历"体重与脉搏的数据拟合"课题研究的全过程，体验建立比例模型解决实际问题的一般方法，发展抽象能力和模型观念。

2. 在课题选题、开题和做题的研究活动中，经历跨学科收集、整理、分析体重与脉搏对应的知识和数据的基本过程，加深对比例函数模型的性质等知识的理解，体会比例函数的应用价值，发展跨学科观念、应用意识和推理能力。

3. 在课题结题的展示活动中，经历从实际问题中建立数学模型、求解模型、验证反思和交流表达的探究过程，积累数学建模的活动经验，发展应用意识、推理能力和严谨求实的科学态度，感受数学育人的特点。

（三）实施策略

"体重与脉搏的数据拟合"项目式学习要求课前布置任务，第一课时为课外课时，首先教师展示课前任务单，然后学生在教师的引导下完成选题，并以开题报告表的形式完成开题；第二课时为课内课时，学生根据开题报告表中拟定的研究方法与步骤展开实验，并在教师的引导下通过实验收集数据、建模分析数据、检验优化模型及分析得出结论等；第三课时为课内课时，学生展示研究成果并相互评价，课题结题。该项目实施流程如下图所示。

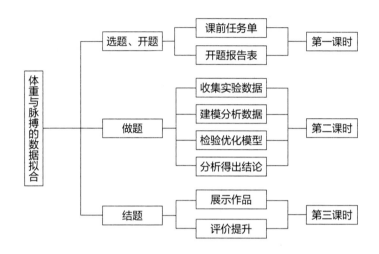

课堂实录

第一课时：活动准备

师：标准的体重是健康体魄的标志之一，体重在一定程度上也影响着我们的脉搏。那么，体重和脉搏有什么样的联系呢？体重对脉搏的影响又涉及哪些因素呢？这些因素与体重和脉搏又有怎样的联系？请大家自主查阅相关资料，完成课前准备任务单。（见下图）

课前准备任务单

任务1：了解不同体重的动物脉搏的情况。

任务2：通过查阅生物学知识分析体重影响脉搏的中间变量主要有哪些，厘清它们之间的关系。

任务3：回顾哪些数学知识可以用来研究这些中间变量对脉搏的影响，并说明理由。

教师制作课件引入课题，引出任务。

　　学生观看课件和自主查阅资料后，对体重和脉搏的探究活动表现出极大的学习热情和探究欲望，但是又感觉无处着手，部分学生说影响研究体重与脉搏的数据拟合的因素过多。

任务1：展示课前准备任务单完成情况

师生活动： 学生通过查阅资料发现，影响不同体重动物脉搏的因素很多，恒温动物和变温动物的体重对脉搏的影响因素不同，在不同运动状态下恒温动物的体重对脉搏的影响因素也不同。教师引导学生根据生物学知识选出核心因素作为建立函数模型的变量，确定研究课题为睡眠中的恒温动物体重与脉搏的关系。

师：我发现很多同学都认真查阅了资料，课前准备任务单上也写得很详细。下面请一位同学来汇报一下你的研究成果。

生：我的完成情况如下。对课前准备任务1，通过查阅资料，我发现不同体重的动物的脉搏各不相同，而且同一动物在不同状态下脉搏也不相同，比如老虎在捕食状态和休息状态下脉搏率就不相同。对课前准备任务2，通过查阅资料，我发现有这些因素会影响动物的脉搏率——动物消耗的能量E、通过心脏的血流量Q、动物身体的表面积S、动物的体积V、心脏每次收缩挤压出来的血量q……它们之间的关系比较复杂，还涉及很多生物学知识。对课前准备任务3，我认为这其中肯定涉及统计学的知识，其他方面的数学知识暂时没有想到。

师：这位同学的准备工作做得很认真，收集到的信息也很有效。还有同学要补充吗？

生：对于课前准备任务1，通过查阅资料，我发现变温动物在同一状态下的脉搏率也不同，比如蛇，同样在静止时，白天和晚上的脉搏率就不相同。在课前准备任务2中，对于动物消耗的能量E，动物的运动状态的影响较大。

师：这位同学补充得很好，说明她在认真地研究、思考。为了便于我们开展研究，我们将课题的研究对象确定为睡眠中的恒温动物。我们发现这些变量中涉及很多的比例关系，所以我们在建模的过程中肯定会用到比例模型的知识。那么，在这些变量中，哪些变量起主导作用？哪些变量只是起过渡作用（即中间变量）？

生：我觉得起主导作用的变量是体重和脉搏；起过渡作用的中间变量有很多，比如通过心脏的血流量Q、动物身体的表面积S、动物的体积V、心脏每次收缩挤压出来的血量q等。

师：这位同学回答得很好，她对变量的认知和理解能力值得表扬。实际上，这些变量中无论是通过心脏的血流量Q、动物身体的表面积S，还是动物的体积V、心脏每次收缩挤压出来的血量q等，我们通过查阅资料都能够找到它们与体重的比例关系。

> **学习支架**
>
> 　　教师引导、启发学生确定研究课题。在此过程中，可以发现本课题涉及的变量很多，教师引导学生找出核心变量和中间变量，最终将两个核心变量聚焦为体重与脉搏。

> **学习评价**
>
> 　　学生认真地完成了课前准备任务，收集了相关的知识和数据。但学生在大量的数据、资料面前表现得比较茫然，在诸多影响因素中难以准确地找出建立比例模型需要的变量，最终在教师的引导和同学的互相启发下发现体重与脉搏可以作为研究的主要对象，确定将睡眠中的恒温动物脉搏率随体重的变化作为研究课题，再借助比例模型找出变化规律。

任务2：确定具体可操作的子课题

师生活动： 根据比例函数的定义，明确体重与脉搏率的比例关系应该放到睡眠中恒温动物这个课题情境下去研究，生物学教师提供生物学知识，引发学生思考其他中间变量和这两个核心变量之间有怎样的关系，并在此基础上分小组讨论，拟定本小组想要研究的具体子课题。随后，数学教师与另外两位教师（生物学、信息科技教师各一位）共同挑选、改进课题，得到三个可以进入后续研究的子课题，学生也合并为三个小组，并分别确定一位指导教师。

师（生物学）：生物学认为，睡眠中的恒温动物依然会消耗体内能量，主要是为了保持体温恒定。生物学资料表明，脉搏率f和体重W的关系中主要涉及以下这些中间变量：为保持体温消耗的能量E、通过心脏的血流量Q、动物身体的表面积S、动物的体积V、心脏每次收缩挤压出来的血量q。另外，生物学假设认为：心脏每次收缩挤压出来的血量q与心脏的大小成正比，动物心脏的大小与动物体积的大小成正比，脉搏率的定义为 $f = \dfrac{Q}{q}$。

师：由于本课题研究涉及的中间变量较多，研究的问题分析线索较长，一步到位建立最终模型有较大难度，所以我们可以从中间变量和两个核心变量之间的关系入手，分步骤确定子课题，建立中间变量模型，最后建立最终模型，如"动物体内消耗的能量E与身体表面积S的关系"等。请每个小组讨论并确定一个子课题。（教师巡视指导参与讨论过程）下面请各小组派代表发言，提出本小组的子课题。

组1：狗体内消耗的能量E与身体表面积S的关系。

组2：猫体内消耗的能量E与通过心脏的血流量Q的关系。

组3：人的体积V与体重W的关系。

组4：动物身体表面积S与体积V的关系。

组5：动物心脏每次收缩挤压出来的血量q与体重W的关系。

师（生物学）：同学们能够结合生物学知识提出以上子课题，老师很欣慰。其中组1、组2、组3能够将子课题确定到具体的动物和人，便于开展研究和数据收集。同时需要注意的是，我们在研究的过程中，如果仅仅以一个物种来研究，那样本太单一，会影响模型的准确性，同时对于有些子课题，需要的数据较为专业，而我们现阶段是无法收集到相关数据的。

师：经过我们三位老师的讨论，我们认为，组1和组2的课题都涉及动物体内消耗的能量E这个中间量，所以可以把这两个课题合并；同时组3和组4的课题都涉及动物体积V这个中间量，所以这两个课题也可以合并。我们要确立最终模型，找到体重和脉搏率的函数关系，所以我们最终确定的三个研究子课题分别是：①通过心脏的血流量Q与身体表面积S的关系研究；②动物身体表面积S与体重W之间的关系研究；③脉搏率与体重函数关系的推导、研究。子课题①由生物老师指导，子课题②由信息科技老师指导，子课题③由我（数学老师）指导，请大家在指导老师的帮助下共同完成开题报告。

学习支架

　　教师对子课题的选择方向给出提示，解答学生提出的疑问，结合专业知识和研究的可行性最终确定三个研究子课题。

学习评价

　　从学生讨论后提出的子课题来看，他们能够认真查阅相关资料，所选择的子课题较为具体、明确，有一定的可操作性。但同时也存在以下问题：有的子课题过于理想化，数据难以收集；有的子课题可以进行整合。学生自主讨论并提出本小组感兴趣的子课题，既能使研究课题进一步得到明确，又能激发研究兴趣。两位其他学科教师对这些子课题从专业角度进行的点评，进一步肯定了学生所选子课题的研究价值，也为学生的后续研究提供了动力和指导，帮助学生完成后续研究，加强学科融合学习。

任务3：完成并展示开题报告

　　师生活动：不同学科的教师指导各小组学生完成开题报告表，小组讨论具体的研究方案，包括如何获取相关的数据、如何整理与分析数据等，最后上台展示，教师给予适当点评。下表是其中一个小组的开题报告。

课题名称	动物身体表面积S与体重W之间的关系研究			
小组名称	SW小组	小组负责人	周×康	指导教师	信息科技老师
研究目的	不同动物身体表面积与体重之间有着怎样的数量关系？我们希望通过数学实验进行探究			
研究方法与步骤	1. 上网查询不同动物身体表面积与体重的数据 2. 将收集的数据用电子表格汇总，初步观察分析它们之间的数量关系 3. 绘制出图象进行观察 4. 将图象进行比例函数拟合后再对比			
可能遇到的主要困难	收集数据不容易，不知道如何进行比例函数拟合			
成果的呈现方式	将数据、图表和拟合结果用PPT进行展示			

师：SW小组的开题报告写得很科学、具体，具有较强的可行性。对困难的预设很充分，相信有信息科技老师的指导，这些困难都会得到解决。

学习支架

教师提供开题报告表模板，各小组指导老师深入各小组与学生共同讨论开题报告。

学习评价

学生对开题报告这种形式并不陌生，但是与具体的课题进行关联感觉有一定的难度。指导老师引导学生撰写开题报告，分析、整理研究思路和研究方法。各小组采用组长负责制，通过小组讨论的形式确定组员的分工安排。学生在这个过程中进一步增强团队合作精神。

第二课时：课堂活动

任务1：收集数据

【困难1】对网上收集数据等操作不熟悉。

师：可以利用百度等搜索引擎和中国知网等数据库进行信息收集。

学习支架

提供学生记录数据所需的表格，提供电脑和相关数据库的账号和密码。

学习评价

可以两名学生合作进行收集数据，如有一定计算机知识基础的学生负责收集数据，另一名学生进行数据汇总和整理。

任务2：分析数据

【困难2】获得数据后不知道如何进行数学化的处理和描述。

　　教师提示学生进行数据处理的一般方法，以及如何将图象结果转化为相应的数学语言。

学习支架

　　教师为学生示范电子表格处理数据的功能。

学习评价

　　在日常的学习生活中，学生对计算机的认知局限于上网冲浪和特定的应用程序的使用，而对数据的处理比较陌生。教师在此过程中，先示范如何对数据进行处理，让学生进一步体会信息技术的魅力和跨学科知识综合应用的重要性。

任务3：初步建立中间变量函数模型并进行分析

【困难3】数据拟合后不知道如何处理，不理解分数指数幂。

　　师：数据拟合的一般方法为解析式逼近离散数据，要注意图形与数据的匹配程度并联系实际情况。

学习支架

　　教师为学生示范电子表格整理数据、拟合函数的功能，让学生借助比例函数模型研究相关量的变化趋势，向学生介绍分数指数幂的相关知识。

学习评价

　　学生主要使用已经学过的比例模型拟合实验数据，再根据函数的性质分析相关量的变化。虽然拟合程度不是很完美，但学生已经基本掌握运用函数模型研究相关变量的方法。

任务4：整合中间变量函数模型，确定 f 与 W 的数学模型

【困难4】各组学生得到相应的中间变量模型后无法进一步推导。

师：可以运用数学知识和生物学定义进一步推导。

学习支架

　　教师为学生示范电子表格拟合函数的功能。

学习评价

　　学生能够得到相应的中间变量模型已经非常了不起了，而推导出最终模型对学生来说挑战更大，学生对此普遍有畏难情绪。教师此时应鼓励学生，进行适当的引导，帮助他们建立最终模型。

第三课时：作品展示与交流

任务：分组展示研究成果

师生活动： 各小组指派专人展示研究成果，教师和其他学生可在展示结束后提出疑问，由展示小组负责解答，教师和其他小组评价该小组展示的成果。

【作品1】狗和猫的身体表面积 S 与体重 W 之间的关系及其他动物身体表面积 S 与体重 W 之间关系的对比研究。

生：（研究思路）我们通过收集大量数据，先研究狗和猫身体表面积 S 与体重 W 之间的关系，建立中间变量表面积 S 与体重 W 的比例函数模型，再通过其他动物相关数据的对比研究，发现不同动物比例系数有所不同，最后根据统计学原理确定适当的比例系数。

实验方法与步骤如下：

（1）从网上收集数据，将数据进行初步的整理。

（2）将收集整理的数据输入电子表格，绘制散点图，观察狗和猫身体表面积 S 与体重 W 之间的对应趋势，再选择合适的曲线进行拟合，得到中间量函数解析式，最后结合资料，确定合适的动物表面积 S 与体重 W 之间函数关系。（狗和猫的相关统计数据略。）

先取狗的身体表面积 S 与体重 W 之间的数据绘制函数图象，如下页第一幅图所示，可以观察到狗的身体表面积 S 大约与体重 W 的三分之二次方成正比，比例系数约为0.0011。但只取一种动物的数据可能受实验误差的影响较大。再绘制猫的身体表面积S与体重W之间的函数图象，如下面第二幅图所示，可以观察到猫的身体表面积S大约与体重W的三分之二次方成正比，比例系数约为0.0010。

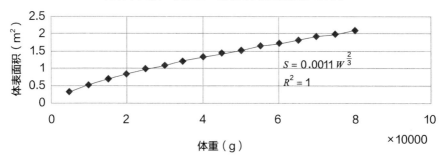

$$S = 0.0011 W^{\frac{2}{3}}$$
$$R^2 = 1$$

身体表面积S与体重W之间关系的函数图象（狗）

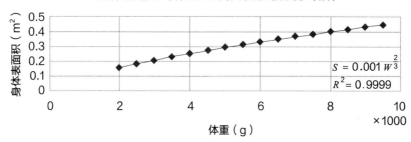

$$S = 0.001 W^{\frac{2}{3}}$$
$$R^2 = 0.9999$$

身体表面积S与体重W之间关系的函数图象（猫）

如下表所示，经查阅资料发现，不同动物及人的身体表面积S与体重W的三分之二次方之间的比例系数有所不同，本课题取七种动物比例系数的平均值，得到$S = rW^{\frac{2}{3}}$，其中$r=0.0010$，身体表面积S的单位为m^2，体重W的单位为g。

种类	不同动物及人身体表面积S与体重W之间的比例系数
小鼠、大鼠	0.0009
豚鼠	0.0010
兔	0.0010
猴	0.0012
狗	0.0011

续表

种类	不同动物及人身体表面积S与体重W之间的比例系数
猫	0.0010
人	0.0011
平均数	0.0010

学习评价

　　该小组通过收集数据、分析数据、拟合函数图象等，成功地找出了动物和人身体表面积S与体重W的关系。虽然他们没有完成本课题的最终建模，但得到了较有价值的中间结论，值得表扬。

　　【作品2】体重与脉搏率之间关系模型的建立、检验、完善。

　　生：（研究思路）我们通过前期资料查阅和有关数据的收集与整理，建立体重与脉搏率的比例函数模型并求解模型，理解模型中参数的意义，知道如何确定参数，能够根据问题的实际意义检验结果，完善模型。

　　实验方法与步骤如下：

　　（1）将各小组前期的工作结果进行汇总，推导出 $f = kW^{-\frac{1}{3}}$，其中k为正的待定系数，脉搏率f的单位为心跳次数/min，体重W的单位为g。

　　（2）结合下表[①]一些动物的体重和脉搏率得到每一组数据的k值，将8个k值的平均数作为模型的系数k，得到 $f = 2325.48W^{-\frac{1}{3}}$；

动物种类	体重（g）	脉搏率（心跳次数 / min）
鼠	25	670
大鼠	200	420
豚鼠	300	300
兔	2000	205
小狗	5000	120
大狗	30000	85

---

① 数据引自《普通高中数学课程标准（2017年版2020年修订）》案例28。

续表

动物种类	体重（g）	脉搏率（心跳次数 / min）
羊	50000	70
马	450000	38

（3）根据电子表格进一步分析数据，拟合已建立的函数模型 $f = 2325.48W^{-\frac{1}{3}}$ 的图象，与已有的动物体重和脉搏率的散点图进行比较，直观判断模型是否合理。

由该表和函数模型得到第一个研究结论：脉搏率与体重关系的数学模型说明，恒温动物体重越重，脉搏率越低，脉搏率与体重的三分之一次方成反比。

对照下图，得出第二个研究结论：可以直观地看出，建立的反比例函数拟合效果不错，脉搏率 f 与体重 W 的趋势线与反比例函数模型的图象基本重合。

但我们也注意到，由于情境所给的数据偏差很大，所以在同一坐标系内呈现不明显，小数挤在一起，大数离得很远。有没有什么办法可以让这些数据的范围压缩，使数据呈现更加直观呢？我们到高中阶段就可以用所学知识解决这个问题，所以我们一定要努力学习，积极探索。

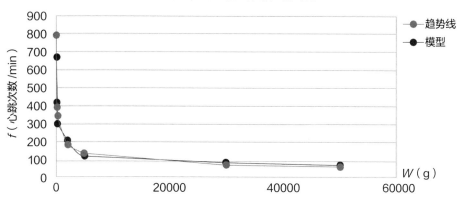

脉搏率 f 与体重 W 的趋势线和模型的对比

生：（质疑）这个模型有什么用？怎样检验？

师：我们通过数学建模的结论和思想阐释了科学规律与社会现象，比如有了这个模型，我们就能对人体自身的体重与脉搏的关系有一定的了解。成年人安静状态下脉搏率正常范围是 60～100 次/min，显然体重过大或过小都会影响我们的脉搏。我们可以通过测量自己的体重与脉搏来检验，利用电子表格画出对应的散点图，对比这些数据的趋势线和所建立模型的图象，再次对所求得的模型进行探究。其实，检验模型的方法不唯一，既可以代入具体的数据进行运算，也可以借助函数图象看离散的点聚集在函数模型附近的情况来判断。

学习评价

　　该小组能够结合前两个小组的成果，顺利构建出最终模型，并结合数据对模型进行评价、检验，指出模型存在的问题。整个过程中，小组成员思路清晰，表达准确。

特色点评

　　"体重与脉搏的数据拟合"课例是数学中利用比例模型解决实际问题的一个典型案例，是跨学科项目式学习的一个有益的尝试。该课例的主要特点如下。

1. 注重培养学生的数学核心素养

　　该课例从生活中的"体重与脉搏"入手，提出两者之间有怎样的关系的问题，让学生学会用数学的眼光观察现实世界，进行数学探究。在建模过程中，学生通过查阅生物学知识，发现体重与脉搏之间的众多中间变量以及它们之间的逻辑关系。通过对中间变量的逻辑推理和模型构建，培养学生借助计算思维将各种信息简化和形式化的能力，从而帮助学生建立用数学思维思考现实世界的能力。在建立比例函数模型后，学生通过观察模型，用数学的语言描述出相关的结论，并对模型存在的问题提出意见，这对学生形成数学的表达与交流能力、实事求是的科学态度具有很强的教育意义。在整个项目的学习中，学生经历课题研究的选题、开题、做题、结题四个环节，进一步发展了抽象能力、运算能力、推理能力、数据观念、模型观念等核心素养。

2. 注重跨学科融合，提高学生的应用能力

　　该课例较好地探索了数学与生物学、医学的跨学科融合教学，特别是生物学、医学知识的探索与应用在建模过程中贯穿始终；另外，对计算机知识的应

用也得到了很好的体现。该课例启发学生从数学的角度提出、探索和解决体重与脉搏之间的关系问题，引导学生学习、运用数学和生物学、医学相关知识，实现跨学科知识的整合，提高学生应用知识解决问题的能力。

3. 注重不同层次学生的核心素养得到不同程度的发展

该课例给出的相关原始数据较为简单，然而推导和建模的过程涉及的生物学知识特别广，中间变量和参数特别多，分析线索比较长，相关数据的获取难度较大。基于以上原因，该课例将中间变量的分析过程设为子课题，这样学生在建模求解的过程中，即使只完成了子课题的研究，也能得到一些有价值的中间结论，这些也是数学建模和数据分析素养水平达成的表现。这种教学处理促进了不同层次学生的核心素养得到不同程度的发展。

奇妙的错位摄影
——融合图形的相似主题的教学实践①

本课例综合运用数学、美术、物理等学科的知识和思想方法，通过项目式学习的方式，将图形与几何的有关知识、方法及研究经验融于"奇妙的错位摄影"的学习和创作过程中。项目活动以课内与课外交错、学习与实践结合的方式展开。学生在自主学习的基础上，以小组为单位经历设计、测算、试拍、改进、正拍的过程，最终完成作品创作，在此过程中发展了抽象能力、几何直观、空间观念和模型观念，强化了应用意识和创新意识。

> **课例名片**
>
> 🧑 年 级：九年级下学期
> 📅 总课时：3课时
> （课内2课时，课外1课时）
> 💻 学 科：数学、美术、物理

主题分析

学生要完成"奇妙的错位摄影"的项目式学习，需要从立体空间的错位摄影问题中抽象出体现拍摄对象与相机镜头核心关系的几个平面，并在平面中理解其中的数量关系与位置关系等问题，所以该项目式学习以数学学科知识为主体；此外，错位摄影中的透视原理、构图比例等，需要用到美术学科的相关知识与学习经验；最后，相机镜头的光圈选择、焦距调整，又以物理学科的光学原理为支撑。因此，该项目式学习主要运用了数学中图形与几何的相关知识，以及美术、物理等学科的知识。

---

① 设计与执教者：张楠。修改与点评者：沈杰。

（一）课程标准要求

2022版课标在"图形与几何"的教学提示部分强调图形的变化的教学，"应当通过信息技术的演示或者实物的操作，让学生感悟图形轴对称、旋转、平移变化的基本特征，知道变化的感知是需要参照物的，可以借助参照物述说变化的基本特征"。这样的教学活动有助于学生"用几何知识表达物体简单的运动规律，增强对数学学习的兴趣"。

在学业要求部分强调，"了解图形相似的意义，会判断简单的相似三角形；经历从不同角度观察立体图形的过程……。在这样的过程中，发展几何直观和空间观念"。

（二）核心素养表现

1. 抽象能力的具体行为表现。学生从现实世界的错位摄影问题中抽象出拍摄对象与相机镜头间的核心数量关系与位置关系，并用数学符号予以表达，在此过程中提升学生的抽象能力。

2. 几何直观的具体行为表现。学生在分析错位摄影问题时，建立形与数的联系，构建反映拍摄对象与相机镜头关系的直观模型，利用图形分析错位摄影问题，探索解决问题的思路，在此过程中提升学生的几何直观能力。

3. 空间观念的具体行为表现。学生根据错位摄影问题中拍摄对象与相机镜头的特征抽象出几何图形，根据几何图形想象出所描述的实际物体；想象并表达拍摄对象与相机镜头的空间方位和相互之间的位置关系；感知并描述透视原理中拍摄对象放大和缩小的规律。在这些过程中，培养学生的空间观念。

4. 模型观念的具体行为表现。学生从错位摄影问题中抽象出图形与几何相关的数学问题，并用直观的几何模型表示其中的数量关系和变化规律，求出结果后在现实情境中检验结果并完善模型，发展学生的模型观念。

5. 应用意识和创新意识的具体行为表现。学生能够感悟错位摄影作品的创作过程中蕴含着大量的与数量和图形有关的问题，可以用数学的方法予以解决；了解数学作为一种通用的科学语言在美术、物理学科中的应用，建立学科之间的联系。学生勇于探索具有开放性的错位摄影作品创作问题，在遇到不同的实际困难和问题时，能够从不同角度寻找问题解决的途径与方法。在这些活动中，发展学生的应用意识和创新意识。

（三）项目内容分析

从知识层面来看，学生已经学习了三角形、四边形、圆、图形的相似等有关知识，能用相关知识解决一些简单的实际问题。从能力层面来看，九年级学生能够将一些简单的实际问题抽象为数学问题，并通过建立直观模型解决实际问题。

学生在进行本项目式学习的过程中，遇到的困难主要来源于以下三方面：一是由立体空间中的现实问题向平面中的数学问题转化有困难，学生需要从复杂的立体空间中抽象出核心关系，并把问题聚焦在体现核心关系的几个重要的平面上，在平面中建立直观模型并解决问题，这对于初中学段的学生有一定难度；二是不清楚相机的操作技巧，缺少相应的物理学知识背景，对实际拍摄中遇到的问题缺乏解决经验；三是对实景测量中遇到的问题缺少适当工具的辅助和解决方法的启发。学生在遇到这些困难时，需要教师的适时引导和帮助。

本项目式学习活动由数学教师主导实施，其他学科（如美术、物理）教师或班主任协同完成。下图所示为本项目的学习结构，可见这是一个开放的活动，倡导通过团队合作的形式解决问题。本项目可以分为课内、课外两部分：课外主要是提出问题、聚焦关键、解决问题；课内主要是作品展示、交流反思，结合美术、物理等学科知识进行总结提炼。

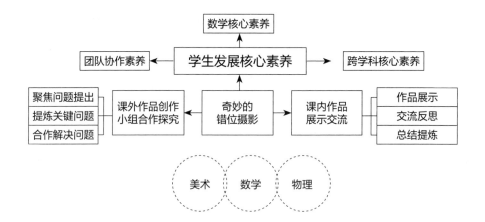

项目说明

（一）核心问题

基于以上分析，本项目需要解决的核心问题是：模仿已有的错位摄影作品，以校园内的人或物为对象拍摄一幅错位摄影作品。

（二）项目目标

1. 在跨学科情境活动中，经历"奇妙的错位摄影"项目式学习过程，能从现实世界的错位摄影问题中抽象出核心关系并转化为数学问题，建立反映核心关系的直观模型，将由模型得出的数量关系或规律运用到现实场景中检验结果并完善模型，发展抽象能力、几何直观、空间观念和模型观念。

2. 在具有开放性的错位摄影作品创作过程中，面对不同的困难和问题，能从不同角度寻找解决问题的途径和方法，综合运用数学、美术、物理等学科的知识解决摄影中遇到的问题，建立数学与其他学科、数学与生活之间的联系，发展应用意识和创新意识。

3. 在"奇妙的错位摄影"项目式学习活动中，经历将数学与美术、物理融合于摄影作品创作的过程，体会艺术创作背后的基本原理，提升审美情趣，发展科学精神，养成积极乐观的生活态度；通过小组合作的形式克服困难、完成任务，增强团队合作意识和人际交往能力。

（三）实施策略

"奇妙的错位摄影"项目式学习除课前布置任务外，主要分三个课时完成，第一课时为课内课时，首先教师展示课前任务单，学生在教师的引导下抽象出错位摄影问题中的核心关系，建立直观模型，再以项目计划书的形式完成项目启动；第二课时为课外课时，学生根据项目计划书中拟定的任务分工开展作品创作，主要经历设计测算、模拟拍摄、调整优化的过程，并将项目开展过程以项目日志的形式予以记录；第三课时为课内课时，学生展示作品及创作过程并相互评价，完成项目总结。项目实施流程如下页图所示。

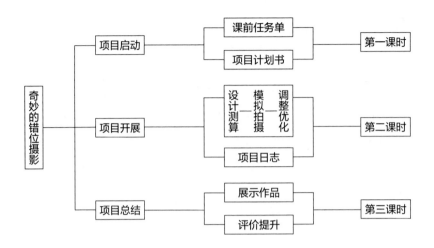

课堂实录 ....

课　前

师生活动：教师利用活动课时间播放视频，引导语如下。

这是一个以创新为核心竞争力的时代，这是一个创意无处不在的时代。在影视和摄影作品中，艺术家和创意达人们常用错位摄影技巧创造出脑洞大开、充满趣味的"照骗"。你知道错位摄影作品是如何拍摄出来的吗？其中蕴含了哪些数学知识和方法？我们能否模仿已有的错位摄影作品，以校园内的人或物为对象拍摄一幅错位摄影作品？

师：请大家利用课余时间，自主查阅相关文献，并依据课前任务单完成以下两个任务：任务1，了解错位摄影的基本原理和拍摄方法；任务2，结合示意图，说明错位摄影蕴含哪些数学知识和方法。

学习支架

　　教师自制视频导入，并为学生发放课前任务单。

学习评价

　　学生观看视频后，对学习错位摄影技巧并创作作品有较大的欲望，并借助自主查询相关文献，对后续研究产生了期待。

第一课时：课内活动

任务1：学生展示课前预备任务完成情况

师生活动： 学生根据课前查阅的相关文献，梳理出错位摄影的基本原理和拍摄方法，明确错位摄影作品中蕴含的数学知识，并在教师的引导下从错位摄影问题中抽象出体现核心关系的几个平面。

师：相信同学们通过查阅文献、完成课前任务单，已经对错位摄影有了更多的了解。哪位同学想上台展示、解读一下你填写的课前任务单？

生：任务1中，我查到错位摄影就是利用拍摄角度对实际拍摄效果加以修饰的一种方法。它的基本原理是"近大远小"的透视原理，拍摄方法是相机和两个拍摄对象在同一条直线上，通过前后距离调整来创造视觉误差，把两个相距很远的物体创造出"在同一平面"上的错觉，让照片中的拍摄对象展现出不合常理的效果。任务2中，我联想到的数学知识是相似中的位似，相机镜头相当于位似中心，错位摄影创造出的视觉误差相当于把远处的拍摄对象相对于位似中心缩小到近处拍摄对象所在平面上，也可以理解为把近处的拍摄对象相对于位似中心放大到远处拍摄对象所在的平面上（见右图）。

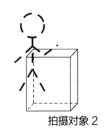

拍摄对象2

拍摄对象1

师：完成得非常好！这位同学想到了错位摄影中拍摄对象的缩放比例和拍摄距离之间的关系，及其蕴含的图形的相似等有关知识，大家同意他的观点吗？

• 镜头

学生表示同意。

师：我们学习的图形的相似研究的是平面几何中的问题，可以用来解释这样一个立体空间中的问题吗？

生：可以，因为镜头和两个拍摄对象在一条直线上，所以可以只看它们三个所在的平面，在这个平面中用相似的知识解决问题。

师：解释得很好！你能在前面这位同学的基础上把立体示意图进一步简化吗？能将其中的核心关系用平面示意图表达吗？

生：我觉得可以画一个这样的侧面示意图，镜头和拍摄对象之间的位似关系看起来更明显。（见下页图）。

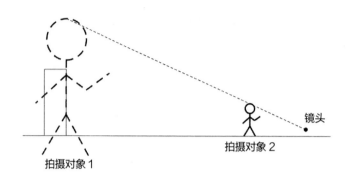

师：图形关系画得很清楚，非常好！有同学持不同意见或有其他补充吗？

生：我同意刚才这两位同学的观点。任务2中，除了相似，我认为应该还会用到"两点确定一条直线"的数学知识。前面两位同学画的示意图应该也是以三者共线为前提的，拍摄时可以先调整相机的位置，让近处的拍摄对象能够恰好挡住远处的拍摄对象，然后在保持二者居中对齐的前提下调整相机的前后距离。

师：这位同学的补充很重要！还有其他不同意见或者补充吗？

生：我在网上看到了很多错位摄影作品，我觉得错位摄影作品除了有趣之外，还有美感，摄影师在构图的时候应该会考虑运用黄金分割比。我查到通常照片的长宽比是3：2，目前摄影构图用得比较多的"三分法"就是"黄金分割比"的简化形式，常用的比例是4：6或3：7。所以在设计拍摄对象在照片中的位置以及大小时，蕴含着比和比例的数学知识。

师：摄影作品怎么能缺少美感呢？这位同学的补充很有价值！

师：刚才几位同学说得都很好！他们都发现了错位摄影与我们学习的平面几何有关知识的联系。我们知道错位摄影是在我们生活的立体空间中进行的活动，这几位同学是如何将平面几何的知识运用到立体空间中的？

生：摄影师镜头拍摄的画面就是一个平面，可以在这个平面中设计画面里拍摄对象的位置和大小，再根据拍摄对象的实际大小算出缩放比。因为相机和两个拍摄对象在同一条直线上，所以我们可以在这三者所在的平面中运用相似的知识根据缩放比来计算它们之间的距离。

师：分析得非常到位！正如我们研究过的很多平面几何问题都是从立体空间中抽象而来的，立体空间中的错位摄影也可以转化为平面几何问题来解决。

同学们从数学的角度发现错位摄影需要关注两个平面：首先，"摄影"有拍摄画面的构图设计，需要关注拍摄画面所在的平面，在接下来的活动中我们不妨把它简单记为"正平面"；其次，要实现"错位"，还需要关注两个拍摄对象和相机所在的平面，我们不妨把它记为"侧平面"。在这两个平面中运用数学知识可以进行错位摄影的设计与测算。

学习支架

　　学生在将错位摄影问题抽象为数学问题的过程中难以将立体空间中的无关信息剥离，教师引导学生关注图形间的核心关系，启发学生发现体现核心关系的两个重要平面，并画出这两个平面的示意图，最终将错位摄影问题聚焦于运用数学知识在"正平面"和"侧平面"中进行设计与测算。

学习评价

　　学生能较好地完成课前任务单，并在教师的引导下抽象出"正平面"和"侧平面"两个重要平面，确定它们的作用和主要应用的数学知识，为后续学习的展开奠定基础。

任务2：预想错位摄影作品创作过程

师生活动：以教师提供的错位摄影作品为例，联想照片的拍摄需要哪些条件，模仿拍摄需要做的准备工作、可能遇到的困难及解决办法。在学生解决问题有困难时，教师给予提示或帮助。

师：作家莫言说"写作从模仿开始"，"对于一个初学写作的人来讲，模仿不是耻辱，而是一个捷径，或者说是一个窍门"，很多伟大的艺术家、作家的创作都是从模仿开始的。要创作出优秀的错位摄影作品，我们不妨也从模仿开始。请同学们以下面这幅错位摄影作品为例（见下页图），小组讨论以下两个问题：（1）这幅照片的拍摄需要哪些条件？（2）如果请你的小组以附近的摩天轮为拍摄对象拍摄一张类似的照片，你们要做哪些准备工作？可能遇到哪些困难？可以如何解决？

生：我们小组认为这幅照片的拍摄需要两个条件：一是有摩天轮、半个眼镜框和相机；二是摩天轮、眼镜框和相机在一条直线上，并且它们之间的距离刚好达到缩放的效果，使缩放后的摩天轮和眼镜框的大小匹配。如果让我们小组以附近的摩天轮为拍摄对象拍一张类似的照片，我们会先准备好眼镜框和相机，然后到摩天轮附近去找合适的位置拍摄。我们觉得可能遇到的困难是不容易找到合适的

拍摄位置，想到的解决办法是根据摩天轮的直径、高度和眼镜框的直径，用"相似"的知识算出摩天轮、眼镜框和相机之间的距离关系，但也有可能查不到摩天轮的直径和高度数据，那就需要人工测量，可以用我们曾经学过的测量旗杆高度的方法，通过测量摩天轮的影长来计算它的直径和高度。

师：很好！这些确实是需要考虑的问题。其他小组有不同意见或补充意见吗？

生：我们小组也想到了摩天轮的相关数据可能需要人工测量，但是用测量旗杆高度的方法比较麻烦，误差也比较大。人可以乘坐在摩天轮上，而且它是匀速转动的，所以我们组想的办法是人乘坐摩天轮，用手机中测量海拔高度的小程序，记录在摩天轮上到达最低点和最高点的海拔高度，从而测算摩天轮的直径和高度。

师：特别好！这组同学想到了可以根据拍摄对象自身的特点，结合手机软件等智能工具设计测量的方案。还有其他小组有补充吗？

生：我们小组觉得还有可能遇到的困难是，经过测算得到的摩天轮到相机镜头的距离在实际场景中实现不了，比如满足距离要求的位置刚好在水面上或是刚好有一个花坛，遇到这种情况就需要适当调整方案。像这幅照片拍摄的是摩天轮的斜侧方，但是实际场景中实现不了，就需要重新调整，可能最终拍出来的是一幅摩天轮正面的照片。所以我们组认为在测量实际场地后可能还需要做调整方案和设计的工作，之后再拍摄。

师：这个小组的补充很有实际意义，同学们在实践过程中难免会有预期和实际不相符的时候，需要根据实际情况不断调整和完善。还有其他补充吗？

生：我们小组认为还可能遇到的困难是拍摄设备操作的困难。平时我们给一个对象拍照时有可能出现没有聚焦导致照片模糊的情况。现在需要拍摄两个距离比较远的对象，会不会出现一个清晰另一个过于模糊影响效果的情况？之前查的资料里有说用小光圈镜头可以解决这个问题，还有的说用广角镜头，我们小组的同学都没试过，不知道能不能成功。如果不成功的话，我们讨论的解决办法是从网上查询解决办法，或者咨询擅长摄影的家长。如果还是不能很好地解决问题，可能也需要调整方案再试试。

师：刚才提到的对焦问题，同学们可以运用在线"景深计算器"计算出景深，也就是成像清晰的距离范围。通过调整相机光圈的大小改变景深，只要两个拍摄对象在景深范围内，就可以保证成像清晰了。对于各位初出茅庐的摄影师来说，可能还会有操作方面的其他困难出现，这些都是大家学习和进步的机会，伟大的摄影师都是这样成长起来的！

学习支架

在学生提出可能遇到的各种困难和解决办法后，教师对学生克服困难的勇气给予肯定和鼓励，使学生对项目的继续开展保持信心。学生对相机对焦问题的解决有困难，相机成像的光学原理较为复杂，学生不易理解，教师提供智能工具帮助学生解决问题。

学习评价

学生能预想错位摄影作品创作的主要准备工作以及可能遇到的困难，能从多角度形成解决问题的方法，对不易解决的问题有继续查询资料或向家长求助的意识，对克服困难有一定的勇气和决心。

任务3：完成项目计划书

师生活动：教师指导学生完成项目计划书，小组讨论作品名称、灵感来源、校内拍摄的内容、作品立意、任务分工等，最后上台展示项目计划书，教师给予适当点评。下页表是其中一个小组的项目计划书。

作品名称	迸发的青春				
小组名称	BOOK思议	**小组负责人**	小王	**指导教师**	数学老师
灵感来源 （原作）					
校内拍摄内容	以校园拱形门廊为背景拍摄学生从书中跃出的场景				
作品立意	学生从书中跃出，双手托举起拱形门廊上的校名，为学校"代言"，寓意学生在学校的教导下成德达才，在学习和成长中收获快乐、自信，表达学生对母校的感恩之情				
任务分工	测算组：测量图书高度、学生身高及扬臂宽度、校名的高度和宽度等，计算拍摄对象的缩放比例、距离、学生跳跃高度 器械组：根据拍摄对象的距离推算所需景深，选择相机镜头，调整光圈，完成拍摄 场务组：根据前期设计，在拍摄现场标记位置，固定道具				
成果呈现方式	PPT和项目开展过程汇报材料				

学习支架

　　教师为每个小组发放项目计划书，并分别深入小组与学生共同讨论项目计划。

学习评价

　　学生制订项目计划书，对作品进行既有模仿又有创新的初步设计，分析需要做的准备工作，确定组员的分工安排，在过程中提升合作意识。

第二课时：课外活动

任务1：设计测算

【困难1】教学楼墙面上的字或图案的高度难以测量。

师：利用激光测距仪可以测量普通工具不易测量的距离。测量墙面上某点的高度，可以将激光测距仪置于墙前某一固定位置，分别测量这个位置到待测点的距离和到墙面的距离，用勾股定理计算出待测点的高度。测量时可以用多次测量取平均值的方法减少误差。

【困难2】在线"景深计算器"中没有学生所用相机型号的选项。

师：一般地，通过在网络搜索平台输入所用相机的品牌及型号、空格、"画幅"，可以查到所用的相机是"全画幅"相机还是"APS画幅"相机。在景深计算器中选择相机品牌型号的栏目里，"全画幅"相机选择"35 mm film"选项，"APS画幅"相机选择"APS film"选项。

> **学习支架**
>
> 教师为学生提供激光测距仪等测量工具，并对测量工具、智能工具的使用提供指导和帮助。

> **学习评价**
>
> 学生基本能够按照预期计划完成测算，掌握相关测算知识和技能，并根据实际情况及时调整测算方法，体现了较强的学习和应用能力。

任务2：模拟拍摄

【困难3】拍摄动态的对象时难以抓拍到需要的瞬间。

师：可以用手动对焦的方式连拍，从中挑选需要的瞬间。

【困难4】镜头难以拍摄到所需的背景全景，摄影师后退的距离受场景限制。

师：这个问题与相机镜头的焦距有关，可以尝试调整镜头的角度和高度。为了保证拍摄对象和镜头在同一条直线上，拍摄对象的高度可能也需要相应调整。有条件的话也可以将相机镜头换为焦距值更小的广角镜头。

> **学习支架**
>
> 教师根据学生拍摄中遇到的困难，及时指导相机使用技巧。

学生通过不断学习、摸索相机的操作技巧来解决遇到的问题，感受操作的乐趣，并对背后的光学原理产生兴趣。

任务3：调整优化

【困难5】对动态中的人物用连拍的方式拍摄，人物的位置合适时，表情、姿态、发型等细节总有令人不满意的地方。

师：可以考虑用静态人物模拟动态姿态，并适当地补充道具。比如要拍摄人物跳跃，可以让人物站在几块砖上并踮起脚，模仿跳跃过程中的姿态，再通过前景道具的错位效果遮挡人物脚下的砖块，其中砖块和遮挡道具的高度及位置可以通过计算得出。

教师启发学生调整、优化方案的方法和途径。

学生能根据实践经验及时总结反思，通过思考和实践让方案更完善、作品更完美，具有精益求精的钻研态度和发现问题、解决问题的能力。

第三课时：作品展示与交流

任务：分组展示作品成果

师生活动：小组负责人从作品介绍、过程回顾、反思改进、研究展望等方面进行汇报，其他小组做好记录，并在汇报结束后提出疑问，由展示小组解答。小组互评和教师评价相结合。

学生作品展示：

【作品名称】眷恋。

【作品立意】作品中身着毕业年级校服的学生拥抱着校徽雕塑，表达即将毕业的学子对青春的怀念、对校园的眷恋，以及对母校的感恩。

【创作过程】

1. 初次设计与测算

（1）初步设计：如下图所示，在正平面图中，校徽中心和人物头部中心在画面的同一高度，校徽的半径长与人物头部的直径长相等；在侧平面图中，相机镜头、人物头部中心、校徽中心在一条直线上，使校徽 AB 缩小到 $A'B'$，$A'B'$ 与 DE 共线，且 $A'B'=2DE$。

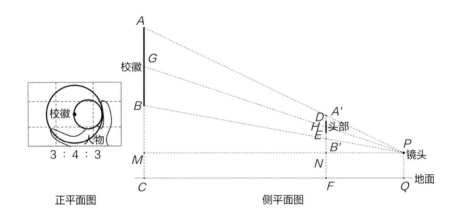

（2）测量校徽高度和直径：如下图所示，在距教学楼 3 m 的位置 D 处用激光测距仪分别测出 $AD=6.530$ m，$BD=5.243$ m。依据勾股定理可得图中 BC 和 AC 的长。用同样的方法多次测量取平均值，得到校徽的最高点到地面的距离约为 5.8 m，校徽的直径约为 1.5 m。

（3）测算镜头与拍摄对象的距离关系：量出人物头部直径约为 0.23 m，则缩小后的校徽直径约为 0.56 m。校徽缩小后的直径与实际直径之比为 28∶75。根据上图中的相似关系可知，要想达到上述放缩比，只需满足 $QF∶QC=HN∶GM=28∶75$。根据实际场地的限制，镜头距离校徽的水平距离不超过 6 m，则镜

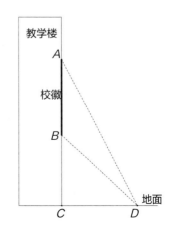

头与人物、校徽的最大距离分别为2.24 m和6 m，可以保持比例缩小距离。

（4）计算镜头的高度：测得人物的身高为1.67 m，设上页第一幅图中$PQ=x$（m），因为$HN:GM=28:75$，所以（1.555–x）:（5.05–x）= 28:75，方程的解为负数。检查推理和运算的过程，发现是人物的高度过低造成的。为了找到合适的人物高度，设下图中$HF=a$（m），则（a–x）:（5.05–x）=28:75，

解得$x=\dfrac{75a-141.4}{47}$。要使x为正数，须有$a>1.885\cdots$。为了达到符合要求的

高度，让人物和相机镜头分别在高度为0.76 m的课桌上进行拍摄。按最大距离拍摄的相关数据如下图所示。

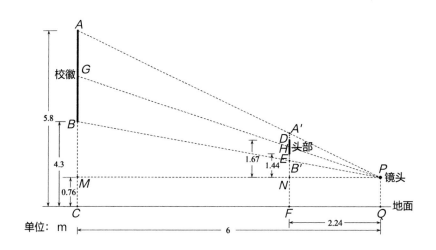

（5）确定焦距和光圈：查阅资料得到计算焦距的公式是"焦距（mm）=镜头与被摄物体之间的距离（m）×传感器大小（mm）/ 被摄物体长度（m）"。根据所用相机型号，在网络上查到传感器大小为35 mm。已知校徽直径为1.5 m，由正平面图中校徽和照片长宽的比例关系确定被摄物体长度约为2.25 m。由上图中的数据，可以算出镜头与被摄物体之间的距离PG约为7.38 m。代入公式得到镜头焦距约为115 mm。将数据录入"景深计算器"中，发现即便选用现有镜头能够达到的最小光圈，也无法得到可以把人物和校徽都拍摄清晰的景深。

2. 二次设计与测算

首先明确前期设计的主要问题是镜头可以达到的景深太小，造成景深小的

原因是镜头焦距过大，通过在"景深计算器"中尝试，发现需要将焦距大幅度减小，物距小幅度增加，才可以得到需要的景深。

接下来分析公式"焦距（mm）= 镜头与被摄物体之间的距离（m）× 传感器大小（mm）/ 被摄物体长度（m）"，其中的传感器大小是定值，要使焦距变小，可以让镜头与被摄物体之间的距离变小，或使被摄物体长度增大，前者会造成物距变小，所以选择后者进行尝试。

要使被摄物体长度增大，需要让正平面中校徽占照片的比例更小。要使物距变大，需要让正平面中人物头部直径和校徽直径的比更小。

基于以上分析，做出以下设计调整：正平面中校徽的直径与照片的比改为1：3，人物头部直径与校徽直径的比改为1：3。调整后的设计图和相应数据如下图所示。

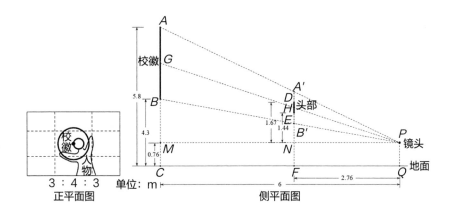

计算得到镜头焦距约为57.37 mm，在"景深计算器"中选择最接近的焦距58 mm和镜头可以达到的最小光圈，得到的景深值足以将人物和校徽都拍摄清晰。

3. 试拍与改进

由于符合调整后平面图要求的镜头扬起的角度较大，导致拍摄画面呈现仰视效果，拍摄出的圆形校徽看起来像是椭圆的，与预期效果有一定差距。为了在实际场景限制范围内尽量减小镜头扬起的角度，在人物站立的课桌上又增加了一把高度为0.42 m的椅子，让人物站立在椅子上，这样图中的PN不变，HN

更小，镜头扬起的角度就相应变小了。调整后得到的焦距值约为55.53 mm，景深进一步增大。

4. 正拍

根据改进后的设计在实际场景中完成拍摄。

【反思改进】小组活动中遇到了一些没有预想到的问题，基本都通过运用以前的知识和经验，或是查询资料、请教老师等方式找到了解决的方法。也走了一些弯路，主要原因是对拍摄对象实际大小与画面中的大小、拍摄距离、焦距、光圈、传感器大小等摄影中涉及的基本量的关系不熟悉，以及没有考虑到仰视拍摄对效果的影响，对这些问题可以多一些研究，多积累一些经验。

【研究展望】查阅相关资料，结合操作继续学习焦距、光圈、传感器大小等知识和应用，研究相关量之间的关系，补充相应的物理学原理。

学习评价

　　该小组能够较为灵活地将错位摄影问题与平面几何问题相互转化，通过对直观模型的分析与计算，辅助错位摄影作品的创作。能够在实践过程中不断补充新知识和新技术。更可贵的是，能够根据实际情况，对产生问题的因素进行有条理的分析，直到找到关键的影响因素解决问题。最终通过团队协作，呈现出比较完善的作品。

其他小组听完该小组的成果展示后，提出如下疑问并获得相应解答。

生：（质疑）我注意到你们小组在计算景深时是把镜头到人物的水平距离作为物距填入计算器，物距是否应该用镜头和拍摄对象所在直线上两点的距离呢？另外，既然范围内的对象都可以拍摄清晰，填入的物距是不是可以略大于镜头到人物的距离，只需让景深范围能覆盖住两个拍摄对象就可以了？

组长：（解答）这位同学的两点疑问确实是我们没有考虑到的。对于第一点，拍摄过程中镜头会上扬一定角度，物距就不应该按水平距离计算了，应该按这位同学说的方式计算。对于第二点，根据我们查到的景深的资料，这位同学所说的应该是对的，我们可以再实践验证一下。

特色点评

　　本课例从生活中挖掘跨学科项目式学习主题，凸显了数学的应用价值。"摄影"主要依赖于美术与物理学原理，而"错位"主要是数学知识与方法的应用，"奇妙的错位摄影"主题来源于现实生活，又是数学与美术、物理等学科知识和思想方法融合的良好载体。以此为主题的跨学科项目式学习能够让学生感受到数学与生活、数学与其他学科的关联，在学习与实践活动中，更好地体会数学的跨学科应用价值。通过引导学生学习并创作错位摄影作品，让学生爱生活、懂生活，培养学生的人文底蕴和科学精神，提升学生的实践创新能力和学会学习能力。

　　本课例在自主探究中融入了学科知识和方法的学习，培养了学生的跨学科思维。如学生在摄影作品的构图、拍摄对象距离的测算等过程中，自主运用数学知识与方法；在研究相机镜头光圈、焦距问题时，自主补充物理学知识；在解决测算问题时，学习景深计算器、激光测距仪的使用；等等。此外，新的智能工具、新的操作技术的学习，也让学生体会到跨学科学习在实际问题解决中的应用。

出 版 人　郑豪杰
策划编辑　池春燕　何 薇
项目统筹　何 薇　郑 莉　代周阳
责任编辑　郑 莉　殷 欢
版式设计　锋尚设计　孙欢欢
责任校对　贾敬芳
责任印制　叶小峰

图书在版编目（CIP）数据

跨学科主题学习设计与实施．初中数学／沈杰，郭
衎，周远方主编．—北京：教育科学出版社，2023.8
（跨学科主题学习设计与实施丛书）
ISBN 978-7-5191-3538-6

Ⅰ.①跨… Ⅱ.①沈… ②郭… ③周… Ⅲ.①中学数
学课—教学设计—初中 Ⅳ.① G633

中国国家版本馆 CIP 数据核字（2023）第 140325 号

跨学科主题学习设计与实施丛书
跨学科主题学习设计与实施　初中数学
KUA XUEKE ZHUTI XUEXI SHEJI YU SHISHI　　CHUZHONG SHUXUE

出版发行	教育科学出版社				
社　　址	北京·朝阳区安慧北里安园甲 9 号		邮　　编	100101	
总编室电话	010-64981290		编辑部电话	010-64981357	
出版部电话	010-64989487		市场部电话	010-64989009	
传　　真	010-64891796		网　　址	http://www.esph.com.cn	
经　　销	各地新华书店				
制　　作	北京锋尚制版有限公司				
印　　刷	保定市中画美凯印刷有限公司				
开　　本	720 毫米 ×1020 毫米　1/16		版　　次	2023 年 8 月第 1 版	
印　　张	16		印　　次	2023 年 8 月第 1 次印刷	
字　　数	252 千		定　　价	58.00 元	